中国社会科学院国情调研特大项目"精准扶贫精准脱贫百村调研"

精准扶贫精准脱贫百村调研丛书
CASE STUDIES OF TARGETED POVERTY REDUCTION AND
ALLEVIATION IN 100 VILLAGES

李培林／主编

精准扶贫精准脱贫
百村调研·王井村卷

多方协同下的多元路径脱贫

张姗／著

社会科学文献出版社
SOCIAL SCIENCES ACADEMIC PRESS (CHINA)

"精准扶贫精准脱贫百村调研丛书"
编委会

主　编： 李培林

副主编： 马　援　魏后凯　陈光金

成　员：（按姓氏笔画排序）

王子豪　王延中　李　平　张　平　张　翼

张车伟　荆林波　谢寿光　潘家华

中国社会科学院国情调研特大项目
"精准扶贫精准脱贫百村调研"
项目协调办公室

主　任：王子豪

成　员：檀学文　刁鹏飞　闫　珺　田　甜　曲海燕

总　序

调查研究是党的优良传统和作风。在党中央领导下，中国社会科学院一贯秉持理论联系实际的学风，并具有开展国情调研的深厚传统。1988年，中国社会科学院与全国社会科学界一起开展了百县市经济社会调查，并被列为"七五"和"八五"国家哲学社会科学重点课题，出版了《中国国情丛书——百县市经济社会调查》。1998年，国情调研视野从中观走向微观，由国家社科基金批准百村经济社会调查"九五"重点项目，出版了《中国国情丛书——百村经济社会调查》。2006年，中国社会科学院全面启动国情调研工作，先后组织实施了1000余项国情调研项目，与地方合作设立院级国情调研基地12个、所级国情调研基地59个。国情调研很好地践行了理论联系实际、实践是检验真理的唯一标准的马克思主义认识论和学风，为发挥中国社会科学院思想库和智囊团作用做出了重要贡献。

党的十八大以来，在全面建成小康社会目标指引下，中央提出了到2020年实现我国现行标准下农村贫困人口脱贫、贫困县全部"摘帽"、解决区域性整体贫困的脱贫攻坚目标。中国的减贫成就举世瞩目，如此宏大的脱贫目标世所罕见。到2020年实现全面精准脱贫是党的十九大提出的三大攻坚战之一，是重大的社会目标和政治任务，中国的贫困地区在此期间也将发生翻天覆地的变化，而变化的过程注定不会一帆风顺或云淡风轻。记录这个伟大的过程，总结解决这个世界性难题的经验，为完成这个攻坚战献计献策，是社会科学工作者应有的责任担当。

2016年，中国社会科学院根据中央做出的"打赢脱贫攻坚战"战略部署，决定设立"精准扶贫精准脱贫百村调研"国情调研特大项目，集中优势人力、物力，以精准扶贫为主题，集中两年时间，开展贫困村百村调研。"精准扶贫精准脱贫百村调研"是中国社会科学院国情调研重大工程，有统一的样本村选择标准和广泛的地域分布，有明确的调研目标和统一的调研进度安排。调研的104个样本村，西部、中部和东部地区的比例分别为57%、27%和16%，对民族地区、边境地区、片区、深度贫困地区都有专门的考虑，有望对全国贫困村有基本的代表性，对当前中国农村贫困状况和减贫、发展状况有一个横断面式的全景展示。

在以习近平同志为核心的党中央坚强领导下，党的十八大以来的中国特色社会主义实践引导中国进入中国特色社会主义新时代，我国经济社会格局正在发生深刻变化，脱贫攻坚行动顺利推进，每年实现贫困人口脱贫1000多万人，贫困人口从2012年的9899万人减少到2017年的3046万人，在较短时间内实现了贫困村面貌的巨大改观。中国社会科学院组建了一百支调研团队，动员了不少于500名科研人员的调研队伍，付出了不少于3000个工作日，用脚步、笔尖和镜头记录了百余个贫困村在近年来发生的巨大变化。

根据规划，每个贫困村子课题组不仅要为总课题组提供数据，还要撰写和出版村庄调研报告，这就是呈现在读者面前的"精准扶贫精准脱贫百村调研丛书"。为了达到了解国情的基本目的，总课题组拟定了调研提纲和问卷，要求各村调研都要执行基本的"规定动作"和因村而异的"自选动作"，了解和写出每个村的特色，写出脱贫路上的风采以及荆棘！对每部报告我们都组织了专家评审，由作者根据修改意见进行修改，直到达到出版要求。我们希望，这套丛书的出版能为脱贫攻坚大业写下浓重的一笔。

中共十九大的胜利召开，确立习近平新时代中国特色社会主义思想作为各项工作的指导思想，宣告中国特色社会主义进入新时代，中央做出了社会主要矛盾转化的重大判断。从现在起到2020年，既是全面建成小康社会的决胜期，也是迈向第二个百年奋斗目标的历史交会期。在此期间，国家强调坚决打好防范化解重大风险、精准脱贫、污染防治三大攻坚战。2018年春节前夕，习近平总书记到深度贫困的四川凉山地区考察，就打好精准脱贫攻坚战提出八条要求，并通过脱贫攻坚三年行动计划加以推进。与此同时，为应对我国乡村发展不平衡不充分尤其突出的问题，国家适时启动了乡村振兴战略，要求到2020年乡村振兴取得重要进展，做好实施乡村振兴战略与打好精准脱贫攻坚战的有机衔接。通过调研，我们也发现，很多地方已经在实际工作中将脱贫攻坚与美丽乡村建设、城乡发展一体化结合在一起开展。可以预见，贫困地区的脱贫攻坚将不再只局限于贫困户脱贫，我们有充分的信心从贫困村发展看到乡村振兴的曙光和未来。

是为序！

全国人民代表大会社会建设委员会副主任委员

中国社会科学院副院长、学部委员

2018 年 10 月

前 言[*]

研究缘起

党的十八大以来，扶贫开发工作被纳入"四个全面"战略布局，得到了党中央、国务院的高度重视，作为实现第一个百年奋斗目标的重点工作，被摆在了更加突出的位置。2015年11月公布的《中共中央 国务院关于打赢扶贫攻坚战的决定》，进一步明确了中国2020年脱贫攻坚的总体目标："到2020年，稳定实现农村贫困人口不愁吃、不愁穿，义务教育、基本医疗和住房安全有保障。实现贫困地区农民人均可支配收入增长幅度高于全国平均水平，基本公共服务主要领域指标接近全国平均水平，确保我国现行标准下农村贫困人口实现脱贫，贫困县全部摘帽，解决区域性整体贫困。"[①] 与此同时，由于整个地区普遍贫困的状况已大幅减少，此前连片性、整体性、粗放式的扶贫方式已经不能适应当前时代发展的需要，为了适应

---

[*] 作者简介：张姗，中国社会科学院民族学与人类学研究所助理研究员。

[①] 《中共中央 国务院关于打赢脱贫攻坚战的决定》，中华人民共和国中央政府网，2015年11月29日，http://www.gov.cn/zhengce/2015-12/07/content_5020963.htm。

我国经济社会发展进入新时代的形势，扶贫工作的方式与内容也应该与时俱进、有所创新。2013年11月习近平总书记在湖南湘西土家族苗族自治州花垣县十八洞村首次明确提出"精准扶贫"概念，2013年12月中共中央办公厅、国务院办公厅印发了《关于创新机制扎实推进农村扶贫开发工作的意见》，作为新形势下扶贫工作的重要指导性文件，对精准扶贫工作做出了明确要求。提高贫困人口生活水平和减少贫困人口数量成为考核地方政府的重要指标，各地的精准扶贫工作被大力推展开来。几年时间已经过去，中国的精准扶贫工作取得了重大进展，关于精准扶贫的研究成果也日益丰富。如同扶贫工作需要精准一样，精准扶贫的研究也需要精准，具体的村庄个案研究就变得十分必要。目前学术界关于中国农村的贫困问题及精准扶贫的研究，主要集中在中西部地区，对于东部经济发达地区的贫困问题关注较少，已有研究也多从全社会的整体视角进行宏观研究，对小区域扶贫脱贫的微观研究较为缺乏。作为中国社会科学院国情调研特大项目"精准扶贫精准脱贫百村调研"的子课题，本书选取了山东省德州市夏津县南城镇王井村作为研究对象，以王井村精准扶贫实施的路径与模式为主要研究内容，在实地调研的基础上厘清其致贫原因、扶贫脱贫的过程与成效，总结其成绩与经验，寻找其问题与难点，进而实现既为"精准扶贫精准脱贫百村调研"总课题提供个案研究，又为王井村今后发展建言献策的学术现实双重目标。

研究内容

从全国范围来看，山东虽然属于经济较发达区域，但是贫困人口基数大，是东部沿海省份中贫困人口最多的，贫困人口插花式分布特点明显。本课题的研究对象——王井村，位于鲁西北地区。虽然作为华北地区的重要交通枢纽，这一区域具有优越的地理位置，但由于工业经济比重较小，农业技术比较落后，当地农业发展形式多为生产力低下的小农经济，属山东省省内经济欠发达地区。王井村曾属于山东省省定贫困村，村民以种植玉米、小麦等传统粮食作物为主产业，人多地少，原有贫困人口较多，无论是在鲁西北还是在山东省，其贫困类型与致贫原因均具有一定的典型性与代表性。本书内容主要包括：王井村基本状况及贫困特征、住户调查问卷数据分析、精准扶贫中的多元路径、精准脱贫中的多方协同、结论与建议五个部分。同时为了更加直观地反映其精准扶贫的过程，正文之后附有笔者对王井村第一书记与村委会文书的访谈记录。

研究方法

本书的研究基于资料的收集与分析，而资料收集过程中利用了文献研究法、问卷法、访谈法、观察法。

文献研究法主要是搜集整理学界的相关研究成果、政府部门的政策文件、地方乡土资料以及村规民约等文献。

问卷法主要是指利用总课题组统一提供的村庄调查问卷与住户调查问卷在王井村展开调查，最终完成村问卷1份，住户调查问卷64份（建档立卡户和非建档立卡户各32份）。这些问卷结果经过SPSS软件处理，为调研报告的撰写提供了数据来源。

访谈法主要是针对知情人展开深度访谈，了解村庄历史、发展过程、现状、村民基本情况、扶贫项目进展情况。首先，笔者对王井村"省派第一书记"[①]王阳春进行了深度访谈，对王井村的精准扶贫工作有了比较详细和深入的认识。其次，对村"两委"[②]成员特别是对自1969年至今一直担任王井村文书的李金瑜[③]开展了多次访谈，其为本书的撰写提供了大量的研究线索与素材。最后，对村中典型贫困户、种植大户、企业负责人也都进行了多次访谈，相关内容在书中均有所体现。

观察法也是实地研究的重要方法，笔者驻村调研期间，通过对村民日常生活的观察，积累了研究素材，拓展了研究思路。

笔者在2017年1月、4月、6月三次赴调研地点王井村开展调查。第一次调查主要是走访夏津县扶贫办和王

---

① 精准扶贫开展之后，每个贫困村都会派驻一名"第一书记"。第一书记从省、市、区、乡镇选拔产生，有省派第一书记、市派第一书记、区派第一书记、县派第一书记等。进驻王井村的第一书记王阳春由山东省委组织部派出，属于省派第一书记。为行文简洁，下文统一简称其为王井村第一书记，不再赘述。

② 村"两委"是中国共产党村支部委员会和村民自治委员会的简称，习惯上前者简称为村支部，后者简称为村委会，为行文简洁，下文统一简称村"两委"，不再赘述。

③ 本书中出现了大量村民的姓名，除征得本人同意之外，均为化名，特此说明。

井村村"两委",对夏津县以及王井村的扶贫工作进行初步了解,在夏津县史志办搜集了《夏津县志》《夏津年鉴》《夏津农村简志》等文献资料,完成了王井村村问卷。第二次调查以访谈为主,对王井村第一书记、村"两委"成员、贫困户代表、种植大户、企业负责人等展开访谈,了解王井村的村情概况、发展历史、扶贫历程等。第三次调查以完成王井村住户调查问卷为主要内容,由于王井村在2016年底已经实现全部脱贫,故以2015年底的建档立卡户资料为准,采用随机抽样的方法,确定了问卷调查对象,并在村委会的帮助下,填写完成了64份住户问卷。

目 录

// 001　第一章　王井村基本状况及贫困特征

/ 004　　第一节　王井村贫困类型

/ 007　　第二节　王井村致贫因素

/ 019　　第三节　2015年王井村贫困户基本情况

/ 022　　第四节　小结

// 025　第二章　王井村住户调查问卷的数据分析

/ 028　　第一节　王井村受访者的基本情况

/ 031　　第二节　住房条件与生活状况

/ 045　　第三节　健康医疗与安全保障

/ 051　　第四节　社会家庭参与及时间利用

/ 059　　第五节　扶贫脱贫

/ 061　　第六节　小结

// 065　第三章　王井村精准扶贫中的多元路径

/ 068　　第一节　加强基础设施建设，破除经济发展瓶颈

/ 070　　第二节　多种方式促进生产，提高群众的自我发展能力

/ 083　　第三节　社会保障兜底扶贫，不让一家贫困户掉队

/ 085　　第四节　发动社会力量，公益助力脱贫

/ 086　第五节　开展美丽乡村建设，改善人居环境

/ 088　第六节　加快公共文化设施建设，丰富村民文娱生活

/ 089　第七节　小结

// 093　第四章　王井村精准脱贫中的多方协同

/ 096　第一节　第一书记——精准脱贫的领头人

/ 100　第二节　村"两委"——精准脱贫的战斗堡垒

/ 102　第三节　村庄精英——精准脱贫的先锋队

/ 106　第四节　贫困群众——精准脱贫的主力军

/ 109　第五节　小结

// 111　第五章　结论与建议

/ 114　第一节　经验

/ 118　第二节　面临的困难与问题

/ 121　第三节　意见与建议

// 127　附　录

/ 129　附录一　王井村第一书记王阳春的访谈记录

/ 136　附录二　王井村村委会文书李金瑜的访谈记录

// 159　参考文献

// 161　后　记

第一章

王井村基本状况及贫困特征

王井村位于山东省德州市夏津县南城镇，距离县城5公里。全村有8个村民小组、504户、1565人，其中常住人口1300人左右。2014年底，全村贫困人口有186户628人，2015年底贫困人口降至68户186人，2016年底全村实现整体脱贫。① 王井村经济以小麦、玉米等传统农作物的种植业为主，二、三产业发展薄弱，有私人小型棉纺厂、木器加工作坊、养鸡场、养猪场、商店、超市等。② 随着市场经济与城镇化的发展，20世纪90年代以后，王井村外出经商与打工的村民日益增多，村中1/3的土地已经实现流转。王井村整村脱贫之前，贫困人口的温饱及住

---

① 数据来源于王井村村委会，后文如果没有特别注明，相关数据均由王井村村委会提供。
② 夏津县地方史志编纂委员会编《夏津县农村简志》，中国文史出版社，2013，第209页。

房问题均已基本解决，贫困户与其他农户的差别主要表现在生活水平的高低。

第一节　王井村贫困类型

根据多维贫困理论，贫困是对人免受饥饿、营养不良、可避免的疾病、过早死亡等基本可行能力的剥夺，而不仅仅是收入低下。贫困有3种类型：绝对贫困、相对贫困和社会排斥。绝对贫困是指个体缺乏足够的资源来满足其生存的需要；相对贫困是指相对于平均水平而言，个体缺乏日常生活所需的一些资源；社会排斥强调的是个体与社会整体的断裂。① 不同于绝对贫困问题较为突出的中西部地区，王井村贫困类型主要属于相对贫困和社会排斥，温饱及住房问题基本上都已经解决，贫困户与其他农户的差别主要表现在生活水平的高低。根据贫困发生的根源，贫困的类型可以分为制度供给不足型贫困、区域发展障碍型贫困、可行能力不足型贫困（结构型贫困）、先天缺乏型贫困、族群贫困。②

制度供给不足型贫困主要是指由宏观经济制度、社会

---

① 李春光主编《国际减贫理论与前沿问题2011》，中国农业出版社，2011，第48页。
② 王曙光：《中国的贫困与反贫困》，《农村经济》2011年第3期，第4~5页。

制度或政治制度供给不足而引致的贫困。这种贫困往往是整体性的，也是基础性的，包含着教育培训制度、医疗卫生制度、收入分配制度、金融信贷制度、公共财政制度、社会保障制度、土地制度以及与之相匹配的法律体系缺失。中国农村的许多贫困问题，很大程度上都可以追溯至制度供给的不足，比如农村普遍存在的因病致贫、因老致贫，与农业集体化解体之后原农村合作医疗体系和农村养老社会保障体系的崩溃有很大关系。① 王井村贫困户中有相当多的一部分人因病致贫、因残致贫、因老致贫，属于典型的医疗与养老制度供给不足型贫困。同时，在金融和信贷制度方面，由于农村金融体系建设的严重滞后，农村资金净流出所导致的农村系统性负投资现象非常严重，农民贷款难直接导致可支配收入的降低和贫困的发生。② 在王井村的扶贫项目开展中，就出现过因银行担心贫困户无力偿还贷款而拒绝提供贷款的情况，最后不得不采取以扶贫资金入股企业，银行为企业提供贷款，贫困户领取企业分红的形式。即便不是贫困户，一般农民在直接向银行寻求贷款时，也往往因为缺少抵押物或者有效的收入证明而被拒绝，从而影响了农民的自身发展。

区域发展障碍型贫困是指由一些具有区域特点的发展障碍因素而引致的贫困，如某些地区由交通、通信、市场设施不完善而引发的贫困，或者由当地恶劣的自然生态环境与不适宜人类生存的气候所引发的贫困。虽然与中国贫

---

① 王曙光：《中国的贫困与反贫困》，《农村经济》2011年第3期，第6页。
② 王曙光：《中国的贫困与反贫困》，《农村经济》2011年第3期，第9页。

困集中地区（比如中西部沙漠化、石漠化、高寒、多山、缺水地区）相比，王井村所处的鲁西北土地条件与气候条件已相对优越，但是从山东省内部来看，这一区域整体发展相对落后，贫困户与贫困村分布相对密集。以王井村所在的夏津县为例，无论是整体经济环境，还是自然气候环境，在山东省内部都属于劣势落后地区，具体情况将在下文详细展开。

可行能力不足型贫困（结构型贫困）是贫困者个体的可行能力不足造成的贫困，虽然其根源有可能与制度设计和制度安排有关，但是大部分可行能力不足的原因却是个体性的。同时，可行能力不足区别于先天的身体或者智力缺陷，更多的是指后天发展中形成的自我发展能力不足，比如教育的缺乏所导致的能力有限等。王井村的贫困户中，文盲占有不小的比重，特别是在60岁以上人群中。即便不是文盲，大多数贫困户文化水平相对也都比较低，多为小学、初中学历，严重降低了其提升自我发展的可能性。另外，王井村大部分村民自身发展的思想意识相对薄弱，对于新鲜事物不敢尝试，这些都与其所受教育水平低及所处环境带来的局限性有关。

先天缺乏型贫困是指先天缺陷导致的生产能力完全或部分缺失而引发的贫困。不同于可行能力不足型贫困，先天缺乏型贫困的原因一般是不可消除或不可逆转的，如先天的视力障碍、肢体残缺、精神病，其身体或精神上的残缺在现有的医疗条件下是难以被修复的，这些人群的贫困也很难通过提升其可行能力来解决。王井村的贫困户中，有先天残疾造成的劳动能力不足者，但是属于个别现象，非贫困户主要类型。

族群贫困主要指在某些少数民族社区特别是边疆民族地区，整个族群因生产方式、文化、宗教信仰、习俗、生活方式等方面的历史因素而产成的贫困，在中国边疆少数民族聚居地区较为常见。在王井村以及其所处的夏津县，这类贫困类型基本不存在。

综上所述，在五种常见贫困类型中，除了全国农村普遍存在的制度供给不足型贫困外，王井村的贫困户主要属于区域发展障碍型贫困与可行能力不足型贫困，先天缺乏型贫困偶有存在，不存在族群贫困现象。

第二节　王井村致贫因素

贫困不仅仅是一种经济问题，更是一种复杂的社会现象。[①]关于贫困的成因，可以从宏观和微观两个层面进行分析。宏观分析主要涉及国家或地区层面的贫困问题，研究对象是国家或地区。微观分析涉及农户层面的贫困问题，以农户为研究对象，把内容缩小到直接导致农户贫困的原因上来。其中，学术界关于宏观层面贫困成因理论讨

---

① 张蕴萍:《中国农村贫困形成机理的内外因素探析》，《山东社会科学》2011年第8期。

论时间较长，成果也较为丰富，比如经济学方面的贫困恶性循环理论、低水平均衡陷阱理论、临界最小努力理论、循环积累因果关系理论，社会学方面的人口剩余致贫论、人力资本理论，文化学方面的贫困文化理论，环境学方面的自然环境因素关联理论等。① 具体到王井村贫困户的致贫原因，除了上文提到的制度供给不足等普遍性因素外，还有一些自身特有原因，本书将从地区宏观与个人微观两个方面对其致贫原因进行分析。其中，宏观因素主要包括夏津县的整体经济形势以及自然环境与灾害，微观因素主要包括王井村贫困户自身原因。

（一）夏津县整体经济形势

夏津县隶属于山东省德州市，地处鲁西北平原、鲁冀两省交界处。区位优势明显，交通便利，北依德州，南靠聊城，西临京杭大运河，青银高速、308国道、254省道、315省道纵贯全境，具有良好的发展条件。但是夏津县作为传统的农业大县，二、三产业发展较为落后，经济发展缓慢，自然环境与农业生产条件较差，农民收入水平较低，贫困问题一直比较突出。德州在山东省17个地市中属于相对落后地区，而夏津在德州地区又属于较为落后的县区。截至2016年，夏津县年末常住人口是520148人，人口密度为每平方公里590人，不仅高于德州市人口密度的平均值，而且在各县区排第三位。县生产总值为187.53

---

① 刘小珉：《贫困的复杂图景与反贫困的多元路径》，社会科学文献出版社，2017，第24~32页。

表1-1 2016年夏津县主要经济指标与德州市其他县区对比

地区	年末常住人口（人）	人口密度（人/平方公里）	生产总值（亿元）	人均生产总值（元）	固定资产投资（万元）	城镇居民人均可支配收入（元）	农村居民人均可支配收入（元）	一般公共预算收入（万元）	一般公共预算支出（万元）
德州市	5792301	559	2932.99	50856	25377827	22760	12248	1835081	3309202
市区（含德城区、经济开发区、运河开发区）	722850	1343				23481	12639		
德城区			283.6	64040	1864322			183673	181003
经济开发区			238.16	128408	2534252			196535	174449
运河开发区			69.82	77816	437455			59460	56112
陵城区	584050	482	242.35	41635	2156250	22611	12189	117862	238454
禹城市	518092	522	264.11	51205	2720730	22874	12389	190487	283169
乐陵市	676294	577	238.52	35400	2367126	22751	12332	100576	262377
宁津县	467268	561	202.25	43474	2121812	22638	12235	67546	184029
齐河县	619923	439	430.06	69647	2761969	22966	12426	287666	370168
临邑县	532834	525	264.35	49803	2410837	22848	12368	140428	229368
平原县	458649	438	203.64	44583	1447317	22653	12201	82632	202352
武城县	385370	513	186.46	48539	1964291	22787	12260	86197	183975
夏津县	520148	590	187.53	36215	1268768	22390	11843	78173	219412
庆云县	306823	612	146.80	48075	1322698	22367	11839	56384	164750

注：数据均参考《德州统计年鉴2017》《德州县数据参考第24页，生产总值、人均生产总值、一般公共预算收入、一般公共预算支出数据参考第42页，固定资产投资数据参考第121页，城镇居民人均可支配收入、农村居民人均可支配收入数据参考第375页。其中年末常住人口、人口密度数据参考第386页，一般公共预算收入、一般公共预算支出数据参考第42页，固定资产投资数据参考第121页，城镇居民人均可支配收入、农村居民人均可支配收入数据参考第375页。

亿元，人均生产总值为36215元，在各县区排倒数第二。固定资产投资为1268768万元，除去市区内面积较小的运河开发区外，在各县区排名倒数第一。城镇居民人均可支配收入为22390元，农村居民人均可支配收入为11843元，均在各县区排名倒数第二。一般公共预算收入78173万元，除运河开发区外，在各县区排名倒数第三。一般公共预算支出219412万元，高于一般公共预算收入141239万元，两者逆差数额在各县区排名第二。综上所述，夏津县人口密度大，在德州市各县区里，各项主要经济指标排名都较为落后。

根据2017年1月笔者在夏津县扶贫开发领导小组办公室获取的资料，截至2015年，夏津县共有省定贫困村62个，建档立卡贫困户31422户，贫困人口65954人。根据致贫原因，全县贫困户可分为因病20804户，因残1575户，因学238户，因灾61户，因缺土地425户，因缺技术1488户，因缺劳力5158户，因缺资金1673户，加总31184。夏津县计划2016~2017年基本完成62个省扶贫工作重点村摘帽工作，同步完成对市定、县定贫困人口帮扶工作，确保贫困人口收入超过当年省定扶贫标准，实现"两不愁，三保障"（扶贫对象不愁吃、不愁穿，保障其义务教育、基本医疗和住房安全），确保扶贫工作重点（帮扶）村人均纯收入增幅高于全省平均水平，基本公共服务主要领域指标接近全省水平，村集体经济年收入达到全省平均水平，基本实现"五通十有"（通路、通电、通水、通广播电视、通信息，有旱涝保收田、有致富项目、有办公场所、有卫生室、有卫生保洁制度、有学前教育、有文化室和农家书屋、有健身场所、有良好的生态环境、有就业保障措施）。2018年实现贫困村、贫困人口全部兜底脱贫；2019~2010年巩固提升成果，进而实现"两年脱贫、一年兜底、两年巩固"的工作目标。

（二）夏津县自然环境与灾害[①]

受地理位置和气候条件等因素的影响，夏津是旱、涝、雹等各种自然灾害的多发区。史料记载，自1930年至1985年的56年中，发生旱灾29次，平均1.93年一次；发生涝灾11次，平均5.1年一次；发生雹灾28次，平均2年一次。1986年至2005年的20年中，发生旱灾13次，平均1.3年一次；发生涝灾3次，平均5.67年一次；发生雹灾12次，平均1.66年一次。总的发展趋势是旱灾发生的频率越来越高，危害越来越大，洪灾和雹灾的影响逐渐缩小，洪灾已基本消失，此外还有雪灾、风灾。另外，农作物及林木的病虫灾害也多有发生。

旱灾是夏津的主要自然灾害，是全县农业生产的主要威胁，特别是近20年来尤为突出，十年九旱已成为夏津的气候特点。旱灾一年四季都有发生，但主要发生在春季和晚秋，这两个时期正是农作物的春播、秋种时期，危害较大。近年来，由于地下水的超量开采，水位下降严重，旱情对人畜饮水已构成威胁。除了发生频率越来越高，夏

[①] 关于夏津县自然灾害的记载，主要参考夏津县地方史志办公室编《夏津县志（1986-2009）》，方志出版社，2011，第97~99页。

津的旱灾还有连续性的特点，一般以2~3年连旱为多，也有连旱年数更多的记录。2002年是有史料记载（1930年始）以来最干旱的一年，全年降雨量仅为253.7毫米，全县55333公顷作物不同程度地受害。

除了旱灾，对全县造成普遍性影响的还有风灾。近年来，夏津县风灾呈增多趋势，仅2015年6月夏津就接连出现两次大风灾害，给农业生产及人民群众的财产安全带来了极大的危害，王井村均有受灾。[①]2016年、2017年王井村在麦收时节也遭受了风灾，大片待收割的小麦倒伏在地，严重影响了产量。据村中不完全统计，王井村2016年因风灾小麦减产30%，2017年因风灾小麦减产11%，其他农作物、树木及村中公共设施、村民财产也都遭受不同程度的损害。笔者2017年6月在王井村调查时就曾遇到一场短时间的大风暴雨，持续半小时的异常天气使农民的收成大幅减少。祸不单行，暴风雨过后，由于小麦倒伏潮湿，暂时不能收割，在等待晾晒收割期间，太阳暴晒加上干热风，空气异常干燥。不知是故意还是疏忽，有人在路边丢弃未熄灭的烟头，造成麦田起火。火势在干热风的作用下迅速蔓延，全村及周边村庄村民以及县里的消防队多人出动，虽然最终扑灭了大火，但是过火麦田基本上颗粒无收。

随着近年来降雨量的减少，洪灾的情况较为少见。雹灾方面，夏津县历史上一直是雹灾多发区，1994年县里设

---

① 史健利主编《夏津年鉴2016》，中国文史出版社，2016，第286~287页。

置了人工防雹增雨炮点，开始防雹增雨作业，虽然没有杜绝雹灾的出现，但减少了雹灾的次数、减轻了危害。除此之外，夏津县的自然灾害还包括干热风、连阴雨、霜冻、低温冰冻、地震、雷电等。同时，农作物与树木的病虫灾害对农业发展的危害也极大。作为产棉大县，棉花曾是夏津县的主要种植作物，而棉铃虫就曾对夏津的棉花种植业造成重创。20世纪80年代后，由于长期使用化学农药进行防治，棉铃虫抗药性提高，防治效果下降，药物控制已是力所不及。除了每日都要喷洒农药，农民还要耗费大量时间下田捕捉。棉铃虫的肆虐，致使农药、燃油喷雾器等农资投入以及人力成本大幅增加，再加之自然灾害时有发生，农民有时候辛苦一年却收入甚微甚至出现赔钱的情况。在此背景下，不少人选择了外出务工经商，这也是王井村90年代初期村民陆续外出务工经商的主要原因。一直到90年代后期，随着转基因抗虫棉种植面积扩大，棉铃虫危害才明显减轻，现已成为次要害虫。

（三）王井村贫困户个人致贫原因

除了夏津县整体经济较为落后、自然灾害频发等客观原因外，王井村的贫困户还存在一些自身个人原因。2016年王井村已经实现了整体脱贫，因此2017年笔者调研时以2015年底王井村最后一批贫困户为研究对象，调查了其脱贫前的致贫原因。这68户贫困户中，除极个别家庭因好吃懒做、思想保守落后、无耕地、子女上学等情况外，疾病、年老、残疾是最主要的致贫原因，并且三者互相关联，不少贫困户兼具其中两项甚至三项致贫原因。具体而言，贫困户年龄普遍较大，其中年龄大于60岁的贫困户为47户，占69.1%；文化程度普遍较低，学历以文盲、小学、初中为主。最主要的致贫原因为疾病，有43户因病致贫，占63.2%；其次是因老致贫，共13户，占19.1%；共7户因残致贫，占10.3%；因学致贫2户，占2.9%。因病致贫的贫困户中，心脑血管疾病患病率较高，具体包括脑血栓、高血压、心脏病。即便不是贫困户，笔者调查中发现王井村及周边村村民中患有这些疾病的人占比也相对较高，特别是在50岁以上人群中。关于夏津地区疾病与贫困的关系，有人专门做过相关研究，① 虽然其以另外一个村子为研究对象，但是情况与王井村基本一致，其分析的几大原因也完全适用于王井村。

1. 不科学的饮食习惯

王井村主产小麦，村民以面食为主食。蔬菜方面，夏秋季节主要依靠自家庭院种植的蔬菜，冬春季节则多从附近集市上购买，蔬菜摄入量明显不足。除价格便宜的萝卜、白菜外，摄入蔬菜以咸菜为主，贫困户尤为突出。除此之外，水果摄入量远远不够，鱼虾摄入量极低，豆类和奶类食品严重缺乏。这种饮食结构既与当地物产有关，也与多年来形成的饮食习惯有关。当地村民普遍认为，菜

---

① 报告关于王井村因病致贫的因素主要参考徐小言《农村健康保障链构建研究——基于"贫困-疾病"陷阱的视角》，中国农业大学博士论文，2017，第57~68页。

不咸不下饭（馒头），不多吃几个馒头，就没有干活的力气，因此饮食中酱油、食盐含量较高。即便是经济条件比较好的家庭，也有喜咸的习惯。不光老年人吃盐多，年轻人甚至婴幼儿食盐摄入量都严重超标。不少还不到一岁的幼儿已经开始跟随家长吃高盐食品。即便笔者给他们讲解多吃盐的危害，村民认为祖祖辈辈都是这么吃的，孩子也都是这样养大的，有些人虽然承认吃盐多对身体不好，但是饮食习惯也不是一时半会儿就能改过来的。依据现代医学的研究，可以认为当地心脑血管疾病患病率比较高与当地居民高盐的饮食习惯存有比较密切的联系。

2. 不洁的卫生环境

王井村及周边村庄村民家中的厕所基本上都是传统旱厕，厕所内挖一茅坑，厕所后面挖一个露天大坑作化粪池。平时家中污水垃圾都倒入化粪池中，化粪池大多没有进行防渗水处理，导致污水直接渗入周边地下，而池中的粪便主要被用作农家肥。村民家中多种有蔬菜，粪肥未经处理直接做蔬菜的肥料，蔬菜也因此容易携带病虫卵。另外，这种传统旱厕极易产生沼气、滋生蚊蝇、传播疾病，再加上有些家庭会把储存水的水缸放在院子里，[①]生活用水受到严重污染。2017年笔者在王井村调研期间，正赶上山东省的农村改厕运动。改厕主要是把原来的茅坑换为瓷砖

---

① 虽然王井村村民家中都开通了自来水，但是由于管道铺设的原因，不少人家特别是贫困户家自来水往往只引至院中，并没有引至屋内。由于从院中提水不便，再加之冬天水管容易冻裂，不少村民特别是老年人往往还保留着使用水桶或者水缸储存水的习惯。

便池，旁边装上一个压水桶，将粪便冲入厕所后面的化粪池。为避免粪便污水渗入地下，在原来化粪池处的地下埋入一个容量为两吨水的大塑料桶，粪便污水被冲进桶中。桶满之后，可以预约专门的粪水处理公司上门回收，只需缴纳一定的费用。改厕之后，粪水不会下渗，另外化粪池与外界隔绝，可以避免污染空气及滋生蚊蝇。

虽然改厕工程由政府出钱出人，但是推行起来还是遇到很大的阻力。首先，旱厕改为水厕后，水费必然增多，回收粪便污水也需要缴纳一定的费用，许多村民特别是岁数大的以及家庭经济条件不好的村民对此比较介意。其次，冲水便池需要重新铺设专门的进水管道，当地厕所都在屋外院子里，冬天水管时常冻裂，即便水管冻不裂，水也时常被冻住，需要手提水桶进行冲洗，对于岁数较大的老年人而言，操作起来难度较大。最后，化粪池大桶占地面积较大，庭院面积较小的家庭填埋安装有些不便。抽粪车自身体积较大，有些老旧房屋所在的胡同较为狭窄，不便车辆进出。虽然有些村庄因为村民抵制，改厕运动没能顺利推行开来，但是王井村的改厕运动还是受到大部分村民特别是年轻及家庭经济条件较好村民的欢迎。2018年笔者再次回访时，改厕完成的家庭庭院环境，特别是空气质量明显好转，蚊蝇也比此前明显减少，卫生条件明显改善。

3. 个人的健康禀赋低下

每个人的健康禀赋都有所不同，有的人生来就带有先天性不足和遗传性疾病，使子代的初始健康资本就落后于人，进一步加重家庭的医疗负担。具体到王井村的贫困户，健康禀赋较低的原因主要是家族遗传性精神病。王井村58户贫困户中，6户家中有智力低下、患有家族性精神病的人。这些患有家族遗传病的农民，丧失了劳动能力，降低了整个家庭的劳动收入，增加了医疗费用的支出，有些病情比较严重的病人还需要家庭成员放弃工作来照顾护理。更严重的是，这种家族遗传病会使子代重复"贫困—疾病"的过程，使得整个家庭陷入长期贫困境地。笔者调查时发现，随着人们对遗传病思想认识的提高，王井村患有精神病的贫困户子代患者都没有结婚，阻断了将疾病继续遗传给下一代的可能。

4. 文化程度低，健康意识薄弱

受经济条件和地域的限制，大部分贫困人口接受教育的程度并不高，而父母文化水平的高低又往往影响到子女受教育程度，进而妨碍子代人力资本的积累，影响子代的收入获取能力，使得贫困也具有"遗传性"。王井村村委会成员李金瑜（66岁）、李金星（59岁）二人都是高中学历，在20世纪70年代属于村里的"高才生"。虽然受时代局限，两人高中毕业后回村务农，但均比较重视孩子的教育，其子女都是大学毕业生，目前在济南与天津工作。反之，村中许多家长文化程度较低，家庭的学习氛围不浓，对孩子的教育不够重视，再加之有些家庭经济困难，孩子自己也不爱学习，初中毕业后就不再读书。这些不再读高中的孩子，有的会去技校学门手艺或者外出打工，有的则无所事事混社会或者在家中"啃老"。同时，文化水平低还导致村民健康意识薄弱，许多村民日常不注重疾病的预防，生病之后又采取错误的应对方式，比如不少贫困户因为怕去医院花钱多，迷信偏方与来路不明的药品、保健品，其结果无疑是雪上加霜。笔者在王井村调查时发现：大部分的村民常年不做体检，身体不舒服就在村卫生室拿点儿药，轻病不会去医院。与此同时，不少村民迷信算命以及找乡间"神医"，贻误看病时机，导致小病变大病，大病变重病甚至是绝症。

5. 工作环境恶劣，劳动强度大

外出务工期间，由于缺乏医疗保险和工伤保险，农民工生病或者受伤后很难得到及时有效的治疗。王井村外出务工人员因为工伤而造成身体伤害的情况已有几例，其中最为严重的当数贫困户王如己，其在工地上被机器绞去了一条腿，成为终身重度残疾。由于缺乏相应的保障以及自身能力有限，受伤之后的农民工很难维权，很多时候除了自认倒霉，别无他法。就算不外出打工，村民在家里从事农业生产，也往往因为较高的劳动强度而落下"职业病"。不少村民特别是中老年女性都患有腰椎间盘突出症，这和此前种植棉花时长时间的低头弯腰劳作有很大关系。近几年，由于种植作物多换为小麦、玉米，其播种、收割都可以实现机械化管理，再加之大部分年轻人不再进行农业生产，因农活而受伤的情况正在逐渐减少，但在外务工期间受伤情况有所增加。

6. 农村医疗服务利用水平低下

贫困户中患病比例较高，医药费开支高，看不起病、不去看病的情况时有发生。与城镇居民相比，农村居民拥有的医疗资源相对薄弱。王井村有2个卫生室5名医生，只能进行门诊，不能接收病人住院治疗，所以在这里就医并不能报销医药费。有些行动不便或者年岁较高的村民，为了就近看病与治疗，不得不自费。除此之外，即便住院之后可以报销相关费用，也有一定的起付线与封顶线，对于低收入家庭而言，压力仍较大。贫困户王念海为了给患有脑瘫的孩子治病，2015年在北京花费十余万元，但当时异地报销有诸多限制，脑瘫治疗内容中的康复治疗属于不能报销内容，自费比例极高，大大加重了家庭的贫困情况。总之，多项因素互相影响、互为因果，影响着贫困户的身体健康，加剧了患病与致贫的恶性循环。

第三节 2015年王井村贫困户基本情况

笔者在王井村调研时，全村已经实现整体脱贫，基于2015年底建档立卡户的资料，笔者对最后脱贫的68户贫困户的具体情况进行了调查，并制作成表格。这部分困难群众由于年老、疾病、残疾等原因，极易返贫，需要有关部门的持续关注与帮助。

表1-2　2015年王井村68户贫困户户主基本情况

编号	姓名	性别	年龄	文化程度	个人最主要致贫原因	备注
1	王如杰	男	77	小学	因老	
2	王之庆	男	77	初中	因病	老年病
3	王玉英	女	81	文盲	因老	儿子智力低下，二级残疾
4	徐兵航	男	66	文盲	因病	一家五口，三人残疾，其中妻子患脑血栓，生活不能自理，儿子儿媳智力低下，语言不清
5	徐祥安	男	52	初中	因病	妻子与母亲均因病生活不能自理
6	王海强	男	39	初中	因病	母亲与弟弟均患有精神病
7	潘高江	男	66	小学	因病	妻子与儿子去世，需要照顾孙子、孙女
8	孙祝岩	男	63	初中	因病	夫妻均患有脑血栓
9	王朝云	男	61	小学	因病	患有心脏病，做了心脏支架手术
10	金海洋	男	43	小学	因病	妻子患有严重的风湿病，不能下地行走，丧失劳动能力，有一正在上学的女儿
11	刘桂兰	女	73	文盲	因病	老年病
12	郭梅珍	女	85	文盲	因老	生活不能自理
13	王灵云	男	74	小学	因病	脑血栓
14	张怡洁	女	83	文盲	因病	生活不能自理
15	王树云	男	67	小学	因病	妻子患有心脏病
16	张芬芳	女	58	小学	因学	丈夫去世，两个女儿读大学
17	王自友	男	90	文盲	因老	
18	王之军	男	48	文盲	因残	腿部天生残疾
19	王玉芬	女	75	小学	因病	儿子原来在供销社上班，供销社解散后失去工作，没有耕地，需要供孙子、孙女上学，生活困难
20	方洁希	女	74	小学	因学	儿子去世，儿媳改嫁，需要供养孙子、孙女上学
21	王之芹	男	83	文盲	因病	脑血栓
22	从保兰	女	77	文盲	因老	
23	刘秀云	女	74	文盲	因病	2017年已经去世
24	李元贵	男	63	初中	因病	脑血栓
25	王之强	男	58	高中	因病	心脏病
26	李金坡	男	67	小学	因病	心脏病
27	金润君	男	56	小学	因病	患有家庭遗传性精神病
28	王长江	男	72	小学	因病	患有尿毒症，需要隔一天做一次透析
29	王海学	男	53	初中	因残	肢体残疾
30	王海朝	男	72	小学	因病	胆囊炎
31	李金星	男	79	小学	因残	行动不便，智力低下
32	王水清	女	86	文盲	因老	瘫痪

续表

编号	姓名	性别	年龄	文化程度	个人最主要致贫原因	备注
33	王子芬	女	88	文盲	因老	
34	王广玉	男	84	小学	因老	
35	徐银花	女	76	文盲	因老	2017年已经去世
36	王长林	男	66	小学	因病	心脏病、淋巴炎
37	王海朝	男	75	小学	因老	
38	李玉凤	女	84	文盲	因老	生活不能自理
39	王如己	男	77	小学	因残	工地干活受伤,腿部截肢,妻子为盲人
40	王建设	男	59	初中	因残	肢体残疾
41	王汝成	男	74	初中	因残	因脉管炎腿部截肢,儿子智力低下
42	王念海	男	39	初中	因病	大儿子为脑瘫,生活不能自理
43	范文兰	女	36	初中	因病	丈夫为植物人,孩子只有五岁
44	王自刚	男	66	小学	因老	五保户
45	王自祥	男	73	文盲	因老	五保户
46	王金中	男	55	初中	无耕地	其父亲自幼寄养在别村(石集),占石集耕地,后全家返回王井村生活,石集耕地已退,王井村没有多余土地,故一直未分得土地,只能打零工为生
47	王远超	男	61	小学	思想落后	思想保守落后,日子得过且过,儿子离婚,与父母同住
48	高池昆	男	47	文盲	好吃懒做	一直未婚
49	王泽俊	男	52	小学	因病	脑血栓
50	徐年林	男	71	小学	因病	脑血栓、高血压
51	王高如	男	80	小学	因老	
52	朱英秀	女	73	文盲	因病	脑血栓
53	王兵如	男	69	小学	因病	2017年已经去世
54	张本红	女	76	小学	因病	老年慢性病
55	徐山	男	39	中专	因病	孩子患有自闭症,妻子需要在家照料,无法外出劳动
56	王如意	女	64	小学	因病	心脏病
57	王桂英	女	45	初中	因病	丈夫脑血栓,妻子有心脏支架,儿子耳聋
58	王金荣	女	72	文盲	因病	老年病
59	张心艾	男	46	小学	因病	女儿智力低下
60	石珠丽	女	75	文盲	因病	脑血栓
61	金云涛	男	62	小学	因病	老年慢性病
62	王之念	男	61	初中	因病	脑血栓
63	王之伦	男	63	初中	因病	高血压、心脏病

续表

编号	姓名	性别	年龄	文化程度	个人最主要致贫原因	备注
64	王书之	男	56	初中	因残	妻子为哑巴
65	王秋光	男	43	初中	因病	患有脑血栓,另有三个孩子上学
66	王亮功	男	42	初中	因病	镇上网格化建设中修路占用了其耕地,每年每亩地1000元补偿
67	王海君	男	45	小学	因病	妻子患有心脏病
68	金润祥	男	61	小学	因病	患有胃癌

资料来源:精准扶贫精准脱贫百村调研王井村调研。

说明:本书统计表格,除特殊标注,均来自王井村调研。

第四节 小结

王井村贫困户的致贫因素明显呈现出"代际传递"特点。① 贫困代际传递是指贫困以及导致贫困的相关条件和因素,在家庭内部由父母传递给子女,使子女在成年后重复父母的境遇——继承父母的贫困和不利因素并将贫困和不利因素传递给后代这样一种恶性遗传链;也指在一定的社区或阶层范围内贫困以及导致贫困的相关条件和因素在代际延续,使后代重复前代的贫困境遇。这种代际传递除了健康禀赋的传递外,还包括子代对父母思想观念、文化习俗和行为方式等方面的继承。实际上贫困的代际传递不

---

① 代际传递概念是从社会学阶层继承和地位获得的研究范式中发展出来的。20世纪60年代,美国的经济学家在研究贫困阶层长期性贫困的过程中发现家庭贫困呈现出代际传承现象,提出了贫困代际传递概念。

但可以被看作慢性贫困的特征，还可以被看作造成长期慢性贫困的原因之一。[①] 王井村贫困家庭的致贫因素中，父辈的身体禀赋、生活饮食习惯、健康意识、对文化教育的认知都会传递到子代，如果没有外力对这些因素进行改变，贫困很容易随之传递到子代。

　　除慢性贫困之外，突发的风险也会导致非贫困人口陷入贫困、已经贫困的人口持续贫困。这些风险既包括农业生产方面的自然风险、技术风险和市场风险，也包括个人的确定性投资风险、意外事件风险、经营损失风险等。风险程度和农户的抵御能力最终决定了农户贫困的动态性。风险打击程度相同，风险抵御能力强的家庭可能不会陷入贫困或者只是暂时性贫困，而抵御能力弱的家庭可能长期生活在贫困线下。[②] 王井村贫困户的致贫风险中，除去普遍面临的自然灾害风险外，疾病是最主要风险。2016年底，虽然从收入上来看，王井村已经实现了整体脱贫，但是只要上述致贫因素与风险还继续存在，脱贫后返贫，特别是因病返贫的可能性还比较高，脱贫成果势必需要多方面长时段的巩固与维护。

[①] 吴海涛、丁士军:《贫困动态性：理论与实证》，武汉大学出版社，2013，第11页。

[②] 吴海涛、丁士军:《贫困动态性：理论与实证》，武汉大学出版社，2013，第14~15页。

第二章

王井村住户调查问卷的数据分析

为了更加深入地了解王井村村民基本生活情况与王井村精准扶贫工作的开展背景，笔者利用中国社会科学院"精准扶贫精准脱贫百村调研"总课题组的住户调查问卷，在王井村村民中采取随机抽样的方式展开了调查。根据王井村村委会提供的全村花名册，笔者将王井村504户人家分为建档立卡户与非建档立卡户两组，其中建档立卡户包括一般贫困户、低保户、低保贫困户、五保户、脱贫户，非建档立卡户包括非贫困户与建档立卡调出户。由于王井村2016年底实现了全村整体脱贫，故参考2015年底建档立卡户的登记情况，在68户建档立卡户中随机抽样了32户，在剩余的436户非建档立卡户中随机抽样32户。2017年笔者开展问卷调查时，32户建档立卡户均为脱贫户，其中1户为五保户；32户非建档立卡户中有11户为非贫困户，21户为建档立卡调出户。问卷内容涵盖范围广泛，涉及家庭成员基本情况、住房条件、生活状况、健康与医疗、安全与保障、劳动与就业、政治参与、社会联系、时间利用、子女教育、扶贫脱贫等多个方面，笔者将选取王井村具有代表性的问题，利用统计工具 SPSS 进行统计分析，发掘问卷结果背后蕴含的信息，进而为王井村未来发展提供数据信息与参考意见。

第一节　王井村受访者的基本情况

由于入户开展调查时，问卷访问对象优先选择户主，所以参与本次调查的王井村受访者中，男性占82.8%，女性占17.2%。由于2015年的建档立卡户中以60岁以上的老年人居多，再加之年轻人多已外出打工，即便在当地就业，白天也多不在家，因此从受访者的年龄来看，61岁及以上的受访者占60.9%；其次是46~60岁受访者，占26.6%；31~45岁的受访者占比为10.9%；30岁及以下的受访者占比最小，为1.6%。受访者及所有王井村村民均为汉族，户口均为居民家庭户。受教育程度方面，占比最高的为初中学历，占比为46.9%；其次是小学，占比为37.5%；高中、中专或职高技校以及文盲的占比均为

7.8%。受访者的主要社会身份方面，村干部占比为1.6%，村民代表占比为3.1%，普通农民占比为95.3%。婚姻状况方面，已婚受访者占比为73.4%，离异受访者占比为4.7%，丧偶受访者占比为25.0%。劳动及自理方面，普通全劳动力人口占比为45.3%，技能劳动力人口占比为9.4%，部分丧失劳动能力人口占比为17.2%，无劳动能力但有自理能力人口占比为20.3%，无自理能力人口占比为7.8%。96.9%的受访者每年在家时间长于6个月，在家时间少于3个月的受访者仅占3.1%，在家时间为3~6个月的人数为0。务工状况方面，乡镇内务工受访者占比为54.7%，乡镇外县内务工受访者占比为3.1%，省外务工受访者占比为1.6%，其他40.6%的受访者主要在家务农。务工时间方面，务工3个月以下的受访者占比为7.8%，3~6个月的占比为21.9%，6~12个月的占比为29.7%，无务工时间的占比为40.6%，主要是指在家务农未参加务工的人员。务工人员中，有60.9%的人将收入带回家，39.1%的人不将收入带回家，主要用于在外消费。受访者中，健康人群占比为56.2%，患有长期慢性病人群占比为32.8%，患有大病者占比为1.6%，残疾人占比为9.4%。39.7%的受访者参加过体检，60.3%的受访者未参加过体检。所有受访者均参加了新农合医疗保险，未参加其他类型医疗保险。养老保障方面，9.5%的受访者未参加任何养老保险也未有退休金，90.5%的受访者参加了城乡居民基本养老保险（见表2-1）。

表 2-1 王井村受访者基本情况

单位：%

性别	男性占比	82.8	务工状况	乡镇内务工	54.7
	女性占比	17.2		乡镇外县内务工	3.1
年龄	30 岁及以下	1.6		省外务工	1.6
	31~45 岁	10.9		其他（包括在家务农、学生、军人等情况）	40.6
	46~60 岁	26.6			
	61 岁及以上	60.9	务工时间	3 个月以下	7.8
民族	汉族	100		3~6 个月	21.9
户口	居民家庭户	100		6~12 个月	29.7
受教育程度	文盲	7.8		无	40.6
	小学	37.5	务工收入主要带回家	是	60.9
	初中	46.9		否	39.1
	高中、中专或职高技校	7.8	当前健康状况	健康	56.2
主要社会身份	村干部	1.6		长期慢性病	32.8
	村民代表	3.1		患有大病	1.6
	普通农民	95.3		残疾	9.4
婚姻状况	已婚	73.4	是否参加体检	是	39.7
	离异	4.7		否	60.3
	丧偶	21.9	医疗保障	新农合	100
劳动、自理能力	普通全劳动力	45.3		城镇居民医保	0
	技能劳动力	9.4		职工医保	0
	部分丧失劳动能力	17.2		商业保险	0
	无劳动能力但有自理能力	20.3	养老保障	城乡居民基本养老保险	90.5
	无自理能力	7.8		城镇职工基本养老保险	0
在家时间	3 个月以下	3.1		商业养老保险	0
	3~6 个月	0		退休金	0
	6~12 个月	96.9		均无	9.5

第二节　住房条件与生活状况

一　住房条件

住房方面，王井村的户均宅基地面积为267平方米，基本上为平房，其中砖瓦房、钢筋水泥房占比为70%，竹草土坯房有100户左右，其房主多为老年人。经过精准扶贫工作中的危房改造工程，目前村内已经没有危房，但空置一年或更久的宅院有120户左右，户主主要为长期在外经商人群。从王井村受访者拥有的住房数量来看，92.2%的受访者拥有1处住房，6.3%的受访者拥有2处住房，其中拥有2处住房的建档立卡户及非建档立卡户各有2人。受访者中有1人没有住房，寄住在亲戚家中，其原有危旧房屋已经被拆除，新房正在建设过程中（见表2-2）。

表2-2　王井村受访者拥有住房数量

	0	1处	2处	合计
建档立卡户	1（户）	29（户）	2（户）	32（户）
	3.1%	90.6%	6.3%	100.0%
非建档立卡户	0（户）	30（户）	2（户）	32（户）
	0.0%	93.8%	6.3%	100.0%
整体	1（户）	59（户）	4（户）	64（户）
	1.6%	92.2%	6.3%	100.0%

整体来看，王井村受访者对于现有住房状况的满意度较高，其中，31.3%的受访者对于现有住房状况非常满

意，34.4%的受访者比较满意，两者合计占比65.7%。表示一般的受访者占比25.0%，表示不太满意的受访者占比9.4%。从受访者是否为建档立卡户来看，建档立卡户受访者中表示一般与比较满意的占比最多，占比均为37.5%，非建档立卡户中表示非常满意与比较满意的占比最多，分别为43.8%、31.3%（见表2-3）。非建档立卡户中对住房表示非常满意与不太满意的比重均高过建档立卡户，呈现出两极分化特点。总体来看，王井村村民特别是建档立卡户村民，对于未来住房改善的愿望还是比较强烈的。

表2-3 王井村受访者对住房状况的满意度

	非常满意	比较满意	一般	不太满意	合计
建档立卡户	6（户）	12（户）	12（户）	2（户）	32（户）
	18.8%	37.5%	37.5%	6.3%	100.0%
非建档立卡户	14（户）	10（户）	4（户）	4（户）	32（户）
	43.8%	31.3%	12.5%	12.5%	100.0%
整体	20（户）	22（户）	16（户）	6（户）	64（户）
	31.3%	34.4%	25.0%	9.4%	100.0%

关于受访者住房的基本情况，从建造时间上看，28.6%的受访者住房修建于1980~1989年，25.4%的受访者住房修建于2000~2009年，19.0%的受访者住房修建于2010~2017年，17.5%的受访者住房修建于1990~1999年，9.5%的受访者住房修建于1970~1979年。从建造成本来看，超过一半（50.8%）的受访者住房建造花费为1万~4.9万元，28.6%的受访者住房建造成本低于1万元，11.1%的受访者住房建造成本为5万~9.9万元，7.9%的受访者住房建造成本为10万~19.9万元，1.6%的受访者

住房建造成本超过20万元。从住房类型来看，绝大部分（98.4%）受访者的住房为平房，1.6%的受访者住房为楼房。从住房的建筑材料来看，砖瓦砖木的房屋占比最大，54.1%的受访者住房建筑材料为砖瓦砖木，其次是竹草土坯、砖混材料，各占19.0%，钢筋混凝土材料的房屋占比为7.9%。从建筑面积来看，47.6%的受访者住房面积小于99平方米，39.7%的受访者住房面积为100~149平方米，9.5%的受访者住房面积为150~199平方米，3.2%的受访者住房面积为200平方米及以上。从住房状况来看，状况一般或良好的受访者占98.4%，没有政府认定但住房属于危房的受访者占1.6%，即那位正在重建新房的受访者。从最主要的取暖设施来看，84.4%的受访者家中最主要的取暖设施为炉子，用土暖气取暖的受访者占9.4%，用电暖气、空调取暖的受访者各占1.6%，无取暖设施或用炕取暖的受访者各占1.5%。从最主要的淋浴设施来看，太阳能的普及率相对较高，75.0%的受访者家庭利用太阳能淋浴，其次是电热水器，占比为21.9%，另有3.1%的受访者家中无淋浴设施。从受访者住房的入户路类型来看，泥土路占比为65.6%，水泥或柏油路占比为34.4%。从受访者家中是否有互联网宽带来看，75.0%的受访者家中没有宽带，25.0%的受访者家中装有宽带。受访者家中均有管道供水入户，最主要的饮用水源为受保护的井水。最主要的炊事用能源为煤炭，89.1%的受访者家中以煤炭作为最主要的炊事用能源，7.7%的受访者家中以电为最主要的炊事用能源，使用柴草、灌装液化石油气的受访者家庭各占1.6%。

从厕所类型来看，98.4%的受访者家中为传统旱厕，1.6%的受访者家中为卫生厕所。从生活垃圾的处理来看，82.9%的受访者家庭选择将垃圾送到垃圾池，15.6%的受访者选择定点堆放。从生活污水的排放来看，89.1%的受访者将其排到家里渗井，10.9%的受访者选择院外沟渠（见表2-4）。

表2-4 王井村受访者现有住房基本情况

项目	情况	占比（%）	项目	情况	占比（%）
建造时间	1970~1979年	9.5	建造成本	0~1	28.6
	1980~1989年	28.6		1万~4.9万元	50.8
	1990~1999年	17.5		5万~9.9万元	11.1
	2000~2009年	25.4		10万~19.9元	7.9
	2010~2017年	19.0		20万元及以上	1.6
住房类型	平房	98.4	住房的建筑材料	竹草土坯	19.0
	楼房	1.6		砖瓦砖木	54.1
建筑面积	1~99平方米	47.6		砖混材料	19.0
	100~149平方米	39.7		钢筋混凝土	7.9
	150~199平方米	9.5	住房状况	状况一般或良好	98.4
	200平方米及以上	3.2		没有政府认定，但属于危房	1.6
最主要的取暖设施	无	1.5	最主要的沐浴设施	无	3.1
	炕	1.5		电热水器	21.9
	炉子	84.4		太阳能	75.0
	土暖气	9.4		空气能	0.0
	电暖气	1.6		燃气	0.0
	空调	1.6		其他	0.0
是否有互联网宽带	有	25.0	入户路类型	泥土路	65.6
	无	75.0		水泥或柏油路	34.4
最主要的饮用水源	受保护的井水	100.0	是否有管道供水	供水入户	100.0
最主要的炊事用能源	柴草	1.6	生活垃圾处理	送到垃圾池	82.9
	煤炭	89.1		定点堆放	15.6
	灌装液化石油气	1.6		其他	1.5
	电	7.7	生活污水排放	家里渗井	89.1
厕所类型	传统旱厕	98.4		院外沟渠	10.9
	卫生厕所	1.6			

二 生活状况

1. 家庭财产状况

从家庭耐用消费品拥有情况来看，彩色电视机的普及率最高，只有3户受访者家中没有彩色电视机，其他受访者家中均有电视，其中3户受访者拥有2台电视机。洗衣机的普及率排第二位，70.3%的受访者家中有洗衣机，建档立卡户家中洗衣机的拥有率明显低于非建档立卡户，50.0%的建档立卡户受访者与90.6%的非建档立卡户受访者家中拥有洗衣机。电冰箱或冰柜的普及率为67.2%，其中50.0%的建档立卡户和84.4%的非建档立卡户家中拥有1台电冰箱或冰柜。空调的普及率相对最低，只有39.1%的受访者家庭拥有空调，其中21.9%的建档立卡户受访者与56.3%的非建档立卡户受访者家中拥有一台空调（见表2-5）。整体来看，除拥有彩色电视机的差别不明显外，非建档立卡户受访者对洗衣机、电冰箱或冰柜、空调的拥有情况明显优于建档立卡户受访者。

表2-5 王井村受访者家庭耐用消费品拥有情况

	彩色电视机			空调		洗衣机		电冰箱或冰柜	
	0	1台	2台	0	1台	0	1台	0	1台
建档立卡户	2(户)	29(户)	1(户)	25(户)	7(户)	16(户)	16(户)	16(户)	16(户)
	6.3%	90.6%	3.1%	78.1%	21.9%	50.0%	50.0%	50.0%	50.0%
非建档立卡户	1(户)	29(户)	2(户)	14(户)	18(户)	3(户)	29(户)	5(户)	27(户)
	3.1%	90.6%	6.3%	43.8%	56.3%	9.4%	90.6%	15.6%	84.4%
整体	3(户)	58(户)	3(户)	39(户)	25(户)	19(户)	45(户)	21(户)	43(户)
	4.7%	90.6%	4.7%	60.9%	39.1%	29.7%	70.3%	32.8%	67.2%

表2-6 王井村受访者家庭通信工具拥有情况

	电脑				固定电话				手机					联网的智能手机				
		0		1台	0		1部	0	1部	2部	3部	4部	0	1部	2部	3部	4部
建档立卡户		30户		2户	28户		4户	11户	14户	6户	1户	0	28户	1户	3户	0	0
		93.8%		6.3%	87.5%		12.5%	34.4%	43.8%	18.8%	3.1%	0.0%	87.5%	3.1%	9.4%	0.0%	0.0%
非建档立卡户		22户		10户	32户		0	2户	5户	16户	6户	3户	10户	6户	12户	3户	1户
		68.8%		31.3%	100.0%		0.0%	6.3%	15.6%	50.0%	18.8%	9.4%	31.3%	18.8%	37.5%	9.4%	3.1%
整体		52户		12户	60户		4户	13户	19户	22户	7户	3户	38户	7户	15户	3户	1户
		81.2%		18.8%	93.8%		6.2%	20.3%	29.7%	34.4%	10.9%	4.7%	59.4%	10.9%	23.4%	4.7%	1.6%

从通信工具拥有的情况来看，手机普及率相对最高，只有20.3%的受访家庭没有手机，29.7%的家庭拥有1部手机，34.4%的家庭拥有2部手机，10.9%的家庭拥有4部手机。智能手机的拥有率明显低于手机整体的普及率，59.4%的家庭没有智能手机，10.9%的家庭拥有1部智能手机，23.4%的家庭拥有2部智能手机，4.7%的家庭拥有3部智能手机，1.6%的家庭拥有4部智能手机。电脑方面，81.2%的家庭没有电脑，18.8%的家庭有电脑。由于手机普及率的提高，固定电话逐渐退出了一般家庭，只有6.2%的家庭有固定电话（见表2-6）。从建档立卡户和非建档立卡户的区别来看，除在固定电话的拥有率方面，建档立卡户高于非建档立卡户之外，在手机、智能手机、电脑的拥有方面，非建档立卡户均明显优于建档立卡户。

交通工具方面，摩托车、电动自行车（三轮车）的拥有率相对较高，只有12.5%的受访家庭没有，51.5%的受访家庭有1辆，29.7%的受访家庭有2辆，6.3%的家庭有3辆（见表2-7）。笔者调研时发现，摩托车在王井村已经较为少见，多数家庭拥有电动自行车（三轮车）。轿车、面包车以及卡车、中巴车、大客车方面，受访家庭的拥有率都不高，分别为4.7%与6.3%。

表2-7 王井村受访者家庭交通工具拥有情况

	摩托车、电动自行车（三轮车）				轿车、面包车		卡车、中巴车、大客车	
	0	1辆	2辆	3辆	0	1辆	0	1辆
建档立卡户	6户	20户	6户	0	31户	1户	31户	1户
	18.8%	62.5%	18.8%	0.0%	96.9%	3.1%	96.9%	3.1%

续表

	摩托车、电动自行车（三轮车）				轿车、面包车		卡车、中巴车、大客车	
	0	1辆	2辆	3辆	0	1辆	0	1辆
非建档立卡户	2户	13户	13户	4户	30户	2户	29户	3户
	6.3%	40.6%	40.6%	12.5%	93.8%	6.3%	90.6%	9.4%
整体	8户	33户	19户	4户	61户	3户	60户	4户
	12.5%	51.5%	29.7%	6.3%	95.3%	4.7%	93.8%	6.3%

从农机等农业设施拥有的数量来看，王井村受访者的整体拥有率不高，只有2户家庭拥有拖拉机，1户家庭拥有耕作机械，无人拥有播种机、收割机以及其他农业机械设施（见表2-8）。主要原因还是这些机械较贵，每年使用的时间有限，个人家庭很难单独购买，只有专门从事农业机械化生产经营的人才会买。根据笔者调研情况，目前王井村小麦、玉米的播种、收割都已经实现了机械化作业。

表2-8 王井村受访者家庭农机拥有情况

	拖拉机		耕作机械		播种机	收割机	其他农业机械设施
	0	1辆	0	1辆	0	0	0
建档立卡户	31户	1户	32户	0	32户	32户	32户
	96.9%	3.1%	100.0%	0.0%	100.0%	100.0%	100.0%
非建档立卡户	31户	1户	31户	1户	32户	32户	32户
	96.9%	3.1%	96.9%	3.1%	100.0%	100.0%	100.0%
整体	62户	2户	63户	1户	64户	64户	64户
	96.9%	3.1%	98.4%	1.6%	100.0%	100.0%	100.0%

2. 生活评价

对于现在的生活状况，32.8%的受访者表示非常满意，42.2%的受访者表示比较满意，17.2%的受访者表示一般，7.8%

的受访者表示不太满意。从建档立卡户与非建档立卡户分别来看，各有24户受访者表示满意，其中9位建档立卡户与12位非建档立卡户表示非常满意，15位建档立卡户与12位非建档立卡户表示比较满意，同时，1位建档立卡户与4位非建档立卡户表示不太满意，7位建档立卡户与4位非建档立卡户表示一般（见表2-9）。

表2-9　王井村受访者对现在生活状况的满意程度

	非常满意	比较满意	一般	不太满意	合计
建档立卡户	9户	15户	7户	1户	32户
	28.1%	46.9%	21.9%	3.1%	100.0%
非建档立卡户	12户	12户	4户	4户	32户
	37.5%	37.5%	12.5%	12.5%	100.0%
整体	21户	27户	11户	5户	64户
	32.8%	42.2%	17.2%	7.8%	100.0%

关于"昨天的幸福感"程度，34.4%的受访者表示非常幸福，43.8%的受访者表示比较幸福，18.8%的受访者表示一般，另有3.1%的受访者表示不太幸福。从建档立卡户与非建档立卡户来看，13位建档立卡户与9位非建档立卡户表示非常幸福，11位建档立卡户与17位非建档立卡户表示比较幸福，6位建档立卡户与6位非建档立卡户受访者表示一般，2位建档立卡户受访者表示不太幸福（见表2-10）。

表2-10　王井村受访者"昨天的幸福感"程度

	非常幸福	比较幸福	一般	不太幸福	合计
建档立卡户	13户	11户	6户	2户	32户
	40.6%	34.4%	18.8%	6.3%	100.0%
非建档立卡户	9户	17户	6户	0	32户
	28.1%	53.1%	18.8%	0.0%	100.0%
整体	22户	28户	12户	2户	64户
	34.4%	43.8%	18.8%	3.1%	100.0%

与5年前相比，48.4%的受访者表示好很多，29.7%的受访者表示好一些，17.2%的受访者表示差不多，只有4.7%的受访者表示差一些。在表示生活有所好转方面，建档立卡户的选择占比明显优于非建档立卡户，扶贫效果明显。19位建档立卡户受访者与12位非建档立卡户受访者表示好很多，10位建档立卡户受访者与9位非建档立卡户受访者表示好一些，3位建档立卡户与8位非建档立卡户受访者表示差不多，3位非建档立卡户受访者表示差一些，建档立卡户受访者中无人表示生活变差（见表2-11）。

表2-11 与5年前相比，王井村受访者生活的变化

	好很多	好一些	差不多	差一些	合计
建档立卡户	19户	10户	3户	0	32户
	59.4%	31.3%	9.4%	0.0%	100.0%
非建档立卡户	12户	9户	8户	3户	32户
	37.5%	28.1%	25.0%	9.4%	100.0%
整体	31户	19户	11户	3户	64户
	48.4%	29.7%	17.2%	4.7%	100.0%

对于5年之后生活的预期，39.1%的受访者认为会好很多，31.3%的受访者认为会好一些，20.2%的受访者认为差不多，另外，认为会差一些与不好说的受访者各占4.7%。从建档立卡户与非建档立卡户的差别来看，建档立卡户对5年后生活会有所好转的信心更加充足，19位建档立卡户与6位非建档立卡户认为会好很多，9位建档立卡户与11位非建档立卡户认为会好一些，3位建档立卡户与

10位非建档立卡户认为差不多，1位建档立卡户与2位非建档立卡户认为会差一些，3位非建档立卡户认为不好说（见表2-12）。

表2-12　王井村受访者对5年后生活变化的预期

	好很多	好一些	差不多	差一些	不好说	合计
建档立卡户	19户 59.4%	9户 28.1%	3户 9.4%	1户 3.1%	0 0.0%	32户 100.0%
非建档立卡户	6户 18.8%	11户 34.4%	10户 31.3%	2户 6.3%	3户 9.4%	32户 100.0%
整体	25户 39.1%	20户 31.3%	13户 20.2%	3户 4.7%	3户 4.7%	64户 100.0%

与本村多数人相比，超过一半（57.8%）的受访者认为自家过得和他们差不多，28.1%的受访者认为自家过得差一些，12.5%的受访者认为自家过得好一些，1.6%的受访者认为自家过得好很多。具体来看，1位建档立卡户认为好很多，4位建档立卡户与4位非建档立卡户认为好一些，16位建档立卡户与21位非建档立卡户认为差不多，11位建档立卡户与7位非建档立卡户认为差一些（见表2-13）。

表2-13　与本村多数人相比，王井村受访者对自己家境的评价

	好很多	好一些	差不多	差一些	合计
建档立卡户	1户 3.1%	4户 12.5%	16户 50.0%	11户 34.4%	32户 100.0%
非建档立卡户	0 0.0%	4户 12.5%	21户 65.6%	7户 21.9%	32户 100.0%
整体	1户 1.6%	8户 12.5%	37户 57.8%	18户 28.1%	64户 100.0%

对于自家周围的居住环境，王井村受访者整体满意度较高，39.1%的受访者表示非常满意，48.4%的受访者表示比较满意，7.8%的受访者表示一般，只有4.7%的受访者表示不太满意。建档立卡户受访者的满意度略高于非建档立卡户，13位建档立卡户受访者与12位建档立卡户受访者表示非常满意，16位建档立卡户受访者与15位非建档立卡户受访者表示比较满意，2位建档立卡户受访者与3位非建档立卡户受访者表示一般，1位建档立卡户受访者与2位非建档立卡户受访者表示不太满意（见表2-14）。被问及自家周围的环境污染情况，受访者均表示没有污染。实际上根据笔者调查，作为一个典型的华北农村，王井村有明显的空气污染与土壤污染问题，特别是2017年1月笔者第一次调研时，恰逢华北地区遭遇空气重污染天气，无人佩戴口罩的王井村村民并不认为这是多么严重的事情，他们对于化肥农药对土壤的污染也基本没有认识，因此，未来在村民中加强污染防治宣传十分有必要。

表2-14 王井村受访者对自家周围居住环境的评价

	非常满意	比较满意	一般	不太满意	合计
建档立卡户	13户	16户	2户	1户	32户
	40.6%	50.0%	6.3%	3.1%	100.0%
非建档立卡户	12户	15户	3户	2户	32户
	37.5%	46.9%	9.4%	6.2%	100.0%
整体	25户	31户	5户	3户	64户
	39.1%	48.4%	7.8%	4.7%	100.0%

第三节　健康医疗与安全保障

一　健康医疗

健康与人民群众的生活质量息息相关，与家庭的经济收入和支出紧密相连。一个家庭的成员都身体健康，不仅能保证劳动力数量，还能降低家庭的医疗开支。反之，一个家庭里的成员存在健康问题，不仅会减少劳动力数量，还将增加家庭的医疗开支。王井村有2个卫生室5名医生，村民患感冒发烧等常见病时多在本村就诊，若病情重些，一般会前往县人民医院就医，更严重的疾病则会转诊至济南或者北京等外地医院。当前全村有17人身患大病。疾病是王井村贫困户致贫的主要原因之一，这一情况在调研中也得到了印证。

64户受访者中只有23.4%的家庭没有不健康成员，42.2%的受访者家中有1人不健康，32.9%的受访者家庭有2人不健康，1.5%的受访家庭有3人不健康。从建档立卡户与非建档立卡户的区别来看，32户建档立卡受访家庭中只有2户家中成员均健康，其余30户受访者家庭家中均有不健康成员，其中19户家庭有1人不健康，10户家庭有2人不健康，1户家庭有3人不健康。非建档立卡户受访者家庭成员的健康状况明显好于建档立卡户，13户家中成员均健康，8户家中有1人不健康，11户家中有2人不健康（见表2-15）。

表 2-15　王井村受访者家中不健康人数

	0	1 人	2 人	3 人	合计
建档立卡户	2 户	19 户	10 户	1 户	32 户
	6.2%	59.4%	31.3%	3.1%	100.0%
非建档立卡户	13 户	8 户	11 户	0	32 户
	40.6%	25.0%	34.4%	0.0%	100.0%
整体	15 户	27 户	21 户	1 户	64 户
	23.4%	42.2%	32.9%	1.5%	100.0%

从受访者家庭成员的患病情况来看，心脑血管疾病占了很大的比重（见表 2-16）。前文也有所分析，王井村村民饮食喜咸，高盐食品摄入过多，极不利于心脑血管以及身体健康。另外，卫生环境不洁、健康意识薄弱、劳动强度过大、工作环境恶劣、农村医疗不便等因素也影响着村民的身体健康。整体而言，王井村村民的健康状况还有待进一步改善。

表 2-16　王井村受访者家庭成员的身体状况

受访者家庭成员身体状况	数	占比（%）
健康	14	21.9
车祸后遗症、残疾	1	1.6
椎管狭窄、残疾	1	1.6
大脑炎	1	1.6
胆切除	1	1.6
肺病	2	3.1
高血压	4	6.3
高血压、胆结石、残疾	1	1.6
高血压、冠心病	1	1.6
高血压、偏瘫、慢性病	1	1.6
高血压、心脏病	3	4.7
冠心病	1	1.6
冠心病、高血压、慢性病	1	1.6
类风湿关节炎、残疾	1	1.6

续表

受访者家庭成员身体状况	数	占比（%）
慢性病	1	1.6
慢性老年病	1	1.6
脑出血	1	1.6
脑梗塞	3	4.7
脑供血不足	1	1.6
脑瘫、残疾	1	1.6
脑血管疾病、心脏病	1	1.6
脑血栓	1	1.6
脑血栓后遗症	1	1.6
脑中风后遗症、残疾	1	1.6
尿毒症	2	3.1
偏瘫	1	1.6
气管内膜结核	1	1.6
"三高"老年病	1	1.6
糖尿病	2	3.1
心脏病	5	7.8
心脏病、慢性病	1	1.6
血压高	5	7.8
血压高、残疾	1	1.6
合计	64	100.0

关于受访者家庭中身体不健康成员的具体情况，笔者根据问卷回答内容，整理出表2-17。回答者仅限家中有不健康成员的受访者，14位家庭成员均健康者未回答此问题。从所患疾病的严重程度来看，54.0%的受访者选择一般，26.0%的受访者选择严重，20.0%的受访者选择不严重。其中，64.0%的不健康成员行走没有问题，22.0%的人不能行走，12.0%的人行走有点儿问题，2.0%的人行走有些问题。28.0%的不健康成员身体没有疼痛或不适，28.0%的人有一点，22%的人有一些，22.0%的人

有挺严重的疼痛或不适。50%的人没有精神焦虑或压抑，28.0%的人有一点，16.0%的人有一些，6.0%的人有挺严重的精神焦虑或压抑。76.0%的不健康成员洗漱穿衣均能自理，18.0%的人不能自理，4.0%的人有点儿问题，2.0%的人有严重问题。74.0%的不健康成员日常活动（工作、学习、家务、休闲等）没有问题，18.0%人不能进行任何活动，4.0%的人有点儿问题，2.0%的人有些问题，2.0%人有严重问题。回答此题的受访者中，有42.0%的家庭成员在2016年发病，多采取自行买药（76%）与门诊治疗（60.0%）的方式进行治疗，采取住院治疗的比例是22.0%。

治疗总费用与自费费用方面，整体花费每户均在10万元以内。花费1000元以下治疗费用的受访者比例与自费1000元以下的受访者比例一样，都为32.3%。除此之外，30.6%的受访者治疗总费用在1000~1999元，24.2%的受访者家庭为2000~4999元，6.5%的受访家庭为5000~9999元，3.2%的受访家庭为10000~49999元，3.2%的受访家庭为50000~99999元。自费医疗方面，32.3%的受访家庭自费费用为1000~1999元，25.8%的受访者家庭为2000~4999元，3.2%的受访者家庭为10000~49999元，1.6%的受访者家庭为50000~99999元。最后问卷对于所有受访者家庭是否有7周岁以下儿童进行了问询，只有2户家庭有7周岁以下儿童，均接受了计划免疫。

表 2-17 王井村受访者家庭健康医疗基本情况

项目	情况	占比（%）	项目	情况	占比（%）
所患疾病的严重程度	不严重	20.0	行走是否困难	没问题	64.0
	一般	54.0		有点儿问题	12.0
	严重	26.0		有些问题	2.0
2016年是否发病	是	42.0		有严重问题	0.0
	否	58.0		不能行走	22.0
2016年治疗情况（可多选）	没治疗	0	身体是否有疼痛或不适	没有	28.0
	自行买药	76.0		有一点	28.0
	门诊治疗	60.0		有一些	22.0
	住院	22.0		挺严重	22.0
	急救	0.0		非常严重	0.0
治疗总费用	0~999元	32.3	精神是否有焦虑或压抑	没有	50.0
	1000~1999元	30.6		有一点	28.0
	2000~4999元	24.2		有一些	16.0
	5000~9999元	6.5		挺严重	6.0
	10000~49999元	3.2		非常严重	0.0
	50000~99999元	3.2	洗漱穿衣能否自理	没问题	76.0
自费费用	0~999元	32.3		有点儿问题	4.0
	1000~1999元	32.3		有些问题	0.0
	2000~4999元	25.8		有严重问题	2.0
	5000~9999元	4.8		不能自理	18.0
	10000~49999元	3.2	家中是否有7周岁以下儿童	有	4
	50000~99999元	1.6		无	96
日常活动（工作、学习、家务、休闲等）是否有问题	没问题	74.0	有7周岁以下儿童的，是否接受计划免疫	是	100.0
	有点儿问题	4.0			
	有些问题	2.0			
	有严重问题	2.0			
	不能进行任何活动	18.0			

二 安全与保障

在意外事故和公共安全方面，王井村受访者中只有1户人家遭受过意外事故。事故为受访者家人骑电动车把腿刮伤，医药费加误工费大概是7000元。2016年，王井村所有受访者均未遇到偷抢等公共安全问题，家庭财产未因自然灾害造成损失（农业生产财产除外）。社区安全方面，王井村村民主要通过安装防盗门和养狗对自家进行安全防护。64户受访者中，29户无安全防护措施，22户安装了防盗门，20户养狗，无人安装警报器和参加社区巡逻（见表2-18）。在被问及天黑之后，在所居住的地方走路是否安全时，64.1%的受访者觉得非常安全，35.9%的受访者觉得比较安全，整体而言，王井村的社区安全度比较高。

表2-18 王井村受访者家庭安全防护措施

自家安全防护措施	户数	占比（%）
无	29	45.3
安防盗门	22	34.4
安警报器	0	0
参加社区巡逻	0	0
养狗	20	31.3
其他	0	0

在基本生活保障方面，所有受访者家中均未出现挨饿的情况，脱离了吃不饱饭、穿不暖衣的绝对贫困状态，处于相对贫困状态。关于受访者以后的养老保障，目前存在以下三种情况，第一，养老金已经成为每户受访者的养老保障之一。2010年之后，王井村60岁以上村民每月可领到100元的养老保障金，此前没有交过养老保险的60岁以上的村民也可以领取。2010年之后，60岁以下的村民只有自己缴纳了养老保险，才可以领取养老金，领取金额与自己所缴纳的保险额度以及时间长短有关。目前规定的是45岁及以上人员只有每年缴纳养老保险，方可在60岁之后领取养老金，45岁以下人员也可以缴纳养老保险。尽管养老保

险交得越早，以后领取的养老金金额相对越多，调研中发现不少人还是会等到45岁才开始缴纳。第二，王井村村民近年来每年需要缴纳的养老保险最低标准略有上涨，由最初的每年100元上涨到每年300元，针对贫困户有一定的特殊规定，可以在最低标准每年300元的基础上再减少一些，2015年王井村建档立卡户缴纳养老保险的最低限额为100元。除了养老金，有92.2%的受访家庭认为子女是其未来养老的主要保障。另外还有2户选择了个人积蓄，1户选择了个人劳动是其未来养老的保障（见表2-19）。因此，子女养老还是当前王井村村民养老的最主要形式之一，养老金只是其补充。第三，其他养老保障来源较为缺乏，家庭养老负担相对较重。谈及自己的养老是否有保障时，98.4%的受访者充满信心，只有1.6%的受访者觉得没有保障，进而可以看出，王井村村民普遍比较重视孝道，家庭养老的社会氛围比较浓厚，绝大部分受访者觉得可以依靠子女养老。

表2-19 王井村受访者主要养老途径及保障

主要养老途径及保障	户数	占比（%）
子女	59	92.2
个人积蓄	2	3.1
养老金	64	100
个人劳动	1	1.6
其他	0	0

农业资源和风险方面，20世纪80年代王井村将土地分到户后，共经历了两次调整，分别是1998年夏津县土地调整与2003年南城镇土地调整，土地调整面积总计100

亩左右，主要用于增添人口的分地，以及修路挖渠等村集体项目用地。2015年农村耕地确权之后，无论家庭人口增减变化，其耕地数量不再变动。村民人均耕地面积大约是1.5亩，但是并不绝对，既有无地的多人口家庭，也有地相对较多的少人口家庭。根据此次调查问卷的结果，64户受访者中，每户有效灌溉农田0~9.3亩不等，其中5户无地，15户有1~2.9亩，24户有3~5.9亩，18户有6~8.9亩，2户有9~9.3亩（见表2-20）。关于自然灾害，2016年王井村小麦因为大风灾害，减产30%，每亩地损失300~350元。由于大部分村民都缴纳了农业险，[①]根据受灾情况，保险公司对每亩受灾麦田补偿了120元。2017年，王井村小麦因大风减产11%，保险公司对每亩受灾麦田补偿了42元。除此之外，2016年王井村村民因为销售困难与农产品价格下跌等因素，农业收入也有所损失，基本上为400~2400元。村民李相喜家种植65亩地瓜，由于市场价格下降及滞销，损失120000元左右。

表2-20 王井村受访家庭的农业资源面积

	农业资源面积	户数	占比（%）
有效灌溉农田	0	5	7.8
	1~2.9亩	15	23.4
	3~5.9亩	24	37.5
	6~8.9亩	18	28.1
	9~9.3亩	2	3.2

---

① 农业险属于享受国家补贴的农业生产保险，每亩地农民自己缴纳3元，国家补贴12元，发生农业灾害时，农民可享受每亩地最多375元的保险。

第四节 社会家庭参与及时间利用

一 政治参与

王井村现有中共党员51人，其中50岁以上的党员34人、高中及以上文化程度的党员19人，共7个党小组。村中的党员代表会议共有7名党员代表参加，其中5人属于村"两委"。王井村村支部委员会由3人组成，分别是支部书记王为强、支部委员李金瑜、纪检委员李金星。村民委员会由5人组成，党支部3人均在其中交叉任职，其中王为强任村委会主任，李金瑜任文书，李金星任村委委员，另有1名村委委员王为奇，1名村委委员兼妇女主任、计生主任任安喜。除此之外，王井村有村民代表33人、村务监督委员会成员5人。民主理财小组有成员5人，与村"两委"一起管理村中事务。2016年王井村村委会已是第11届，本届选举时间是2015年4月，当时全村符合选举条件的村民有1221人，实际参与投票的有927人，村委会主任王为强获917票当选。选举流程如下：村民先选举候选人，通过村民代表和村"两委"的讨论，确定候选人人选；选举时，首先在非候选人的村民中选出选举委员会成员，负责投票、唱票等事宜，在外地不方便回村参加选举的村民可以委托别人代其投票。同时为了方便行动不便的村民投票，选举委员会会将流动票箱送至其家中。选举顺序为先选举党支部成员，再选举村委会成员。经过唱票，村"两委"将票数超过一半的候选人名单上报南城镇党委，经其讨论后任命。

接受此次调查的64位受访者中有9人为党员，其中4人为建档立卡户，5人为非建档立卡户。关于受访者家中党员的人数，10位受访者家中有1位党员，其中7位为建档立卡户，3位为非建档立卡户，其余54位受访者家中没有党员。根据王井村党支部成员介绍，由于留在村中的年轻人越来越少，发展新党员变得较为困难，目前村中的党员年龄整体偏大。

表2-21 王井村受访者是否为党员

	是	否	合计
建档立卡户	4户 12.5%	28户 87.5%	32户 100.0%
非建档立卡户	5户 15.6%	27户 84.4%	32户 100.0%
整体	9户 14.1%	55户 85.9%	64户 100.0%

表2-22 王井村受访者家中党员人数

	0	1人	合计
建档立卡户	25户 78.1%	7户 21.9%	32户 100.0%
非建档立卡户	29户 90.6%	3户 9.4%	32户 100.0%
整体	54户 84.4%	10户 15.6%	64户 100.0%

关于最近一次村委会的投票情况，57.8%的受访者及家人都参加了投票，包括21户建档立卡户与16户非建档立卡户；21.9%的受访者家庭只有受访者自己参加，包括6户建档立卡户与8户非建档立卡户；9.4%的受访者家庭

是受访者之外的人参加，包括5户建档立卡户与1户非建档立卡户；10.9%的受访者家庭无人参加，这7户家庭均为非建档立卡户（见表2-23）。因此，建档立卡户受访者比非建档立卡户受访者的参与热情更高一些。

表2-23　王井村受访者及家人参加最近一次村委会的投票情况

	都参加	仅自己参加	别人参加	无人参加	合计
建档立卡户	21户	6户	5户	0	32户
	65.6%	18.8%	15.6%	0.0%	100.0%
非建档立卡户	16户	8户	1户	7户	32户
	50.0%	25.0%	3.1%	21.9%	100.0%
整体	37户	14户	6户	7户	64户
	57.8%	21.9%	9.4%	10.9%	100.0%

关于最近一次乡镇人大代表的投票情况，57.8%的受访者及家人都参加了投票，包括22户建档立卡户与15户非建档立卡户；20.3%的受访者家庭只有受访者自己参加，包括5户建档立卡户与8户非建档立卡户；9.4%的受访者家庭是受访者之外的人参加，包括5户建档立卡户与1户非建档立卡户；12.5%的受访者家庭无人参加，这8户家庭均为非建档立卡户（见表2-24）。与村委会的投票情况一样，在乡镇人大代表投票的参与热情方面，建档立卡户受访者比非建档立卡户受访者要更高一些。

表2-24　王井村受访者及家人参加最近一次乡镇人大代表投票情况

	都参加	仅自己参加	别人参加	无人参加	合计
建档立卡户	22户	5户	5户	0	32户
	68.8%	15.6%	15.6%	0.0%	100.0%
非建档立卡户	15户	8户	1户	8户	32户
	46.9%	25.0%	3.1%	25.0%	100.0%
整体	37户	13户	6户	8户	64户
	57.8%	20.3%	9.4%	12.5%	100.0%

二　家庭关系与社会联系

从婚姻状况来看，接受此次调查的受访者中73.4%的人为已婚，21.9%的人为丧偶，4.7%的人为离异。对于现有婚姻状况的满意度，59.4%的受访者表示非常满意，18.8%的受访者表示比较满意，18.8%的受访者表示一般，1.6%的受访者表示不太满意，1.6%的受访者表示很不满意。47位已婚受访者中，76.6%的家庭夫妻非常信任，21.3%的家庭夫妻比较信任，只有2.1%的家庭即1户家庭夫妻之间很不信任，也只有这一户家庭在遇到大事时，夫妻不商量。除此之外，97.9%的家庭在遇到大事时，夫妻都会商量决定，由此可见，王井村已婚受访者的夫妻关系较为和睦。关于去年和爱人不在一起的时间，89.4%的已婚受访者不曾与爱人分开，其余受访者中有1户分开了30天，1户分开了180天，1户分开了360天，2户夫妻全年365天都未在一起。关于与子女联系的频率，25.0%的受访者家庭父母子女生活在一起，除此之外，21.9%的受访者家庭每天都和子女联系，45.3%的受访者家庭与子女联系的频率为每周至少一次，7.8%的受访者家庭与子女联系的频率为每月至少一次。关于与父母联系的频率，64.1%的受访者因为年龄较大，已经无父母在世，除此之外，9.4%的受访者家庭每天都与父母联系，21.9%的受访者家庭每周至少一次与父母联系，4.7%的受访者家庭每月至少一次与父母联系。家中临时有事时，81.3%的受访者会找直系亲戚帮忙，3.1%的受访者会找其他亲戚，15.6%的受访者会找邻居或老乡。急用钱时，81.3%的受访者会找直系亲戚帮忙，6.3%的受访者会找其他亲戚，9.4%的受访者会找邻居或老乡，3.0%的受访者会找朋友或同学。关于亲戚中是否有干部，64户受访者中有62户的亲戚中没有干部，只有1户有县干部亲戚，1户有县以上干部亲戚（见表2-25）。综上所述，王井村受访者的家庭关系整体较为和谐，以血缘关系为纽带的亲戚关系在当地的社会生活中扮演着重要角色。

表2-25 王井村受访者家庭关系与社会联系概况

项目	情况	户数	占比（%）	项目	情况	户数	占比（%）
婚姻状况	已婚	47	73.4	对现在婚姻状况的满意度	非常满意	38	59.4
	离异	3	4.7		比较满意	12	18.8
	丧偶	14	21.9		一般	12	18.8
夫妻互相信任度	非常信任	36	76.6		不太满意	1	1.6
	比较信任	10	21.3		很不满意	1	1.6
	很不信任	1	2.1	去年和爱人不在一起的时间	0	42	89.4
夫妻遇到大事，是否商量	都会商量	46	97.9		30天	1	2.1
	不商量	1	2.1		180天	1	2.1
临时有事，找谁帮忙	直系亲属	52	81.3		360天	1	2.1
	其他亲戚	2	3.1		365天	2	4.3
	邻居或老乡	10	15.6	与子女的联系频率	每天	14	21.9
急用钱，找谁借	直系亲属	52	81.3		每周至少一次	29	45.3
	其他亲戚	4	6.3		每月至少一次	5	7.8
	邻居或老乡	6	9.4		没事不联系	0	0
	朋友或同学	2	3		住在一起	16	25.0
亲戚中是否有干部	村干部	0	0	与父母的联系频率	每天	6	9.4
	乡镇干部	0	0		每周至少一次	14	21.9
	县干部	1	1.6		每月至少一次	3	4.7
	县以上干部	1	1.6		不适用	41	64.1
	无	62	96.8				

三 时间利用

关于平常多数时间的忙碌情况,整体而言,25.0%的受访者很忙,6.3%的受访者有点儿忙,34.4%的受访者忙碌程度为正常,23.4%的受访者不忙,10.9%的受访者一点儿也不忙。从建档立卡户与非建档立卡户的区别来看,6位建档立卡户与10位非建档立卡户受访者很忙,2位建档立卡户与2位非建档立卡户受访者有点儿忙,11位建档立卡户与11位非建档立卡户受访者忙碌程度为正常,7位建档立卡户与8位非建档立卡户受访者不忙,6位建档立卡户与1位非建档立卡户受访者一点儿也不忙(见表2-26)。综上所述,非建档立卡户受访者比建档立卡户受访者要更加忙碌一些。

表2-26 王井村受访者平常多数时间里的忙碌情况

	很忙	有点儿忙	正常	不忙	一点儿也不忙	合计
建档立卡户	6户	2户	11户	7户	6户	32户
	18.8%	6.3%	34.4%	21.9%	18.8%	100.0%
非建档立卡户	10户	2户	11户	8户	1户	32户
	31.3%	6.3%	34.4%	25.0%	3.1%	100.0%
整体	16户	4户	22户	15户	7户	64户
	25.0%	6.3%	34.4%	23.4%	10.9%	100.0%

王井村电视、电话、电脑、手机的普及率较高,绝大部分村民家中都有电视,使用有线电视的户数为500户。手机信号实现了全村覆盖,家中未通电话也没有手机的只有12户人家,主要是一些高龄老人。村中使用电脑的家

庭为210户，其中200户人家已经联网。关于受访者业余时间的主要活动，67.2%的受访者选择看电视，10.9%的受访者选择上网，10.9%的受访者选择休息，6.3%的受访者选择做家务，3.1%的受访者什么也不做，1.6%的受访者选择社会交往。从建档立卡户与非建档立卡户的区别来看，除了21位建档立卡户与22位非建档立卡户受访者选择看电视外，建档立卡户受访者中无人选择上网，4人选择休息，4人选择做家务，2人什么也不做，1人选择社会交往；非建档立卡户中7人选择上网，3人选择休息，无人选择社会交往、做家务、什么也不做。整体而言，看电视是受访者最主要的业余活动（见表2-27）。

表2-27　王井村受访者业余时间的主要活动

	上网	社会交往	看电视	休息	做家务	什么也不做	合计
建档立卡户	0户	1户	21户	4户	4户	2户	32户
	0.0%	3.1%	65.6%	12.5%	12.5%	6.3%	100.0%
非建档立卡户	7户	0	22户	3户	0	0	32户
	21.9%	0.0%	68.8%	9.4%	0.0%	0.0%	100.0%
整体	7户	1户	43户	7户	4户	2户	64户
	10.9%	1.6%	67.2%	10.9%	6.3%	3.1%	100.0%

关于受访者最近一周平均每天看电视的时间，64.1%的受访者是2小时，15.6%的受访者是3小时，12.5%的受访者是1小时，6.3%的受访者不看电视，1.6%的受访者是4小时。从建档立卡户与非建档立卡户受访者的区别看来，前者平均每天看电视的时间稍长于后者，具体为：

2位建档立卡户与2位非建档立卡户受访者不看电视，2位建档立卡户受访者与6位非建档立卡户受访者每天看1小时电视，19位建档立卡户受访者与22位非建档立卡户受访者每天看2小时电视，8位建档立卡户与2位非建档立卡户每天看3小时电视，1位建档立卡户受访者每天看4小时电视（见表2-28）。

表2-28 王井村受访者最近一周平均每天看电视的时间

	0	1小时	2小时	3小时	4小时	合计
建档立卡户	2户	2户	19户	8户	1户	32户
	6.3%	6.3%	59.4%	25.0%	3.1%	100.0%
非建档立卡户	2户	6户	22户	2户	0	32户
	6.3%	18.8%	68.8%	6.3%	0.0%	100.0%
整体	4户	8户	41户	10户	1户	64户
	6.3%	12.5%	64.1%	15.6%	1.6%	100.0%

关于最近一周每天平均睡眠时间，51.6%的受访者是8小时，23.4%的受访者是7小时，18.8%的受访者是6小时，3.1%的受访者是9小时，1.6%的受访者是5小时，1.6%的受访者是4小时。从建档立卡户与非建档立卡户的区别来看，除15位建档立卡户与18位非建档立卡户受访者每天的平均睡眠是8小时外，1位非建档立卡户选择4小时，1位非建档立卡户选择5小时，9位建档立卡户与3位非建档立卡户选择6小时，6位建档立卡户与9位非建档立卡户选择7小时，2位建档立卡户选择9小时。整体而言，大部分受访者的睡眠时间较为充足（见表2-29）。

表 2-29　王井村受访者最近一周每天平均睡眠时间

	4小时	5小时	6小时	7小时	8小时	9小时	合计
建档立卡户	0	0	9户	6户	15户	2户	32户
	0.0	0.0	28.1%	18.8%	46.9%	6.3%	100.0%
非建档立卡户	1户	1户	3户	9户	18户	0	32户
	3.1%	3.1%	9.4%	28.1%	56.3%	0.0%	100.0%
整体	1户	1户	12户	15户	33户	2户	64户
	1.6%	1.6%	18.8%	23.4%	51.6%	3.1%	100.0%

第五节　扶贫脱贫

接受此次调查的 32 户非建档立卡户中，有 21 户曾经是建档立卡贫困户，均在 2015 年从系统中调整出来。调整时，乡村干部均来过家中调查，有签字盖章，调整后名单有公示，各方均对调整结果和调整程序满意。对于政府为本村安排的扶贫项目，29 户受访者认为比较合理，2 户认为一般，1 户认为很合理。对于本村贫困户的选择，28 户受访者认为比较合理，3 人认为一般，1 人认为很合理（见表 2-30）。关于本村的扶贫效果，29 户受访者认为比较好，2 户认为一般，1 人认为很好（见表 2-31）。以上所有评价项目，均无人给予负面评价。

表2-30　王井村非建档立卡户受访者对扶贫项目及贫困户选择的评价

	很合理	比较合理	一般	不太合理	很不合理	说不清	合计
政府为本村安排的扶贫项目是否合理	1户	29户	2户	0	0	0	32户
	3.1%	90.6%	6.3%	0.0%	0.0%	0.0%	100.0%
本村贫困户选择是否合理	1户	28户	3户	0	0	0	32户
	3.1%	87.5%	9.4%	0.0%	0.0%	0.0%	100.0%

表2-31　王井村非建档立卡户受访者对本村扶贫效果的评价

	很好	比较好	一般	不太好	很不好	说不清	合计
本村扶贫效果	1户	29户	2户	0	0	0	32户
	3.1%	90.6%	6.3%	0.0%	0.0%	0.0%	100.0%

接受此次调查的32户建档立卡户，均在2015年成为建档立卡贫困户，2016年底脱贫。认定脱贫时，乡村干部均来过家中调查，有签字盖章，调整后名单有公示，各方均对调整结果和调整程序满意。对于政府为本村安排的扶贫项目，20户受访者认为很合理，12户认为比较合理。对于本村贫困户的选择，14户受访者认为很合理，18户认为比较合理。对于为本户安排的扶贫措施，17户认为很合理，15户认为比较合理（见表2-32）。关于本村的扶贫效果，17户受访者认为很好，15户受访者认为比较好。关于本户扶贫效果的评价，13户受访者认为很好，19户受访者认为比较好（见表2-33）。以上所有评价项目，均无人给予负面评价。

表 2-32　王井村建档立卡户受访者对扶贫项目及贫困户选择的评价

	很合理	比较合理	一般	不太合理	很不合理	说不清	合计
政府为本村安排的扶贫项目是否合理	20 户	12 户	0	0	0	0	32 户
	62.5%	37.5%	0.0%	0.0%	0.0%	0.0%	100.0
本村贫困户选择是否合理	14 户	18 户	0	0	0	0	32 户
	43.8%	56.2%	0.0%	0.0%	0.0%	0.0%	100.0
政府为本户安排的扶贫措施是否合理	17 户	15 户	0	0	0	0	32 户
	53.1%	46.9%	0.0%	0.0%	0.0%	0.0%	100.0

表 2-33　王井村建档立卡户受访者对本村扶贫效果的评价

	很好	比较好	一般	不太好	很不好	说不清	合计
本村扶贫效果	17 户	15 户	0	0	0	0	32 户
	53.1%	46.9%	0.0%	0.0%	0.0%	0.0%	100.0%
本户扶贫效果	13 户	19 户	0	0	0	0	32 户
	40.6%	59.4%	0.0%	0.0%	0.0%	0.0%	100.0%

第六节　小结

笔者以全村整体脱贫前 2015 年底的建档立卡资料为基础，随机抽样选取建档立卡户与非建档立卡户各 32 户，从家庭成员、住房条件、生活状况、健康与医疗、安全与保障、政治参与、家庭关系与社会联系、时间利用、扶贫脱贫等九个方面对王井村村民进行了较为全面详细的调查。由于城镇化与老龄化的原因，接受本次调查的村民年龄整体偏大。

从基础设施来看，王井村的交通、通信较为便利，自来水已经通到每户村民家中，村民的温饱问题早已经解决，除一位正在建房屋的受访者外，其余受访者均拥有自有住房。由于经济水平有限，受访者冬季取暖以烧煤的炉子为主，不节能环保，取暖效果也较差。有些经济条件较差的村民冬天无任何取暖措施，生活质量较差，需要引起关注和重视。太阳能热水器在王井村普及率较高，往往是安装淋浴设施家庭的首选。王井村村民家中以传统旱厕为主，卫生环境较差，2017年改厕运动后，如厕环境有所改善。生活垃圾已经基本实现集中处理，但生活污水仍大多直接排到家中渗井，对土壤有一定的污染。

家庭财产的拥有方面，非建档立卡户受访者情况明显优于建档立卡户家庭。对于目前的生活状况、幸福感、5年后的生活预期，大部分王井村村民都持满意、幸福、乐观的态度，并且建档立卡户受访者比非建档立卡户受访者态度更加积极，说明王井村的扶贫脱贫效果显著。

健康与医疗方面，由于年老、生活环境及习惯、家族遗传、工作强度等诸多原因，王井村受访者家中不健康成员数量较多，特别是心脑血管方面的疾病患病率较高。虽然新农合医疗保险已经基本实现了全覆盖，但是由于只有住院且花费500元以上部分才能按照比例报销，因此，与收入相比，患病村民自费医疗的数额依旧比较高，脱贫群众中因病返贫现象仍有可能出现，需要进一步关注。

安全与保障方面，王井村整体治安环境较好，偷抢等公共安全问题较少出现，受访村民多以安装防盗门窗以及养狗来实现庭院防护。

虽然社会养老保险已经开始实施，但是由于领取的保险金数额较少，受访村民养老主要还是依靠子女。绝大部分的受访者认为自己的养老有所保障，从侧面反映出家庭关系较为和睦。

王井村村民农业资源以耕地为主，人均耕地拥有量较少，气象灾害与市场变动带来的农业生产风险较大，需要当地政府部门进一步加强协助与引导。

政治参与方面，受访者热情较高，超过87%的受访者或者家人参加了最近一次村委会投票和最近一次乡镇人大代表投票。

家庭与社会联系方面，已婚受访者对婚姻满意程度及夫妻信任程度较高，两地分居家庭相对较少，受访者与父母、子女联系较多，整体而言，家庭关系较为和谐。以血缘关系为纽带的亲戚仍是王井村受访者生活中遇到事情的首选及主要求助对象。

时间利用方面，受访者中忙碌、正常、不忙的比例大体各为1/3，业余时间以看电视为主，大部分的受访者平均每天看电视2个小时左右，每天的睡眠时间以7~8个小时为主，睡眠时间相对较为充足。

扶贫脱贫方面，2016年底王井村实现了整体脱贫，受访者从建档立卡系统调整出来时，均有乡村干部到家中进行过调查，均有签字盖章，调整名单均有公示。受访者对建档立卡调整程序与结果均持满意态度，对于扶贫项目、贫困户的选择、扶贫效果等均持认可态度，其中建档立卡户的认可程度高于非建档立卡户，说明王井村扶贫工作确有成效。在实现了整体脱贫后，如何利用已有扶贫项目以及开发新的项目，带动更多的村民致富奔小康，将是王井村未来主要努力的方向。

第三章

王井村精准扶贫中的多元路径

王井村的扶贫工作开始于2012年，夏津县政协组织的驻村扶贫工作组帮助王井村修整了村中水泥路，进行了自来水改造，属于给钱给物式扶贫，限于公共事业方面的帮扶。2014年12月驻村工作组的扶贫工作结束，王井村的贫困人口仍占总人口的30%以上，被认定为山东省省定贫困村。2015年2月第一书记王阳春的到来，拉开了王井村精准扶贫工作的序幕。在此之前，王井村有贫困户186户，共628人，经过一年的扶贫工作，2015年底贫困户为68户，共186人。2016年底实现了全部脱贫，人均年收入由2014年的4500元增加至2016年的7600元。王井村的扶贫路径灵活多元，针对不同的贫困人群，开展了不同的扶贫助贫项目，汇聚政府、企业、社会、个人等多种力量，通过加强基础设施建设、发展生产、增加社会保障、吸收公益助力、改善人居环境等多种途径，不仅实现了贫困户的脱贫目标，而且带动了全村的经济发展。

第一节　加强基础设施建设，破除经济发展瓶颈

2015年至2016年，王井村先后投资159万元，用于基础设施建设。

首先，完善农田灌溉设施。王井村种植最多的农作物为小麦和玉米，生长期需水量较大，而几乎每年春天都有的干旱，严重影响着村民的收成。王井村附近沟渠常年干涸无水，农田灌溉利用的都是地下的井水。由于此前村中

图3-1　王井社区党政服务中心

（王阳春拍摄，2016年10月）

电力设施老化，农业用电极不稳定，农民不仅需要排队轮流灌溉，灌溉途中也经常出现跳闸断电的事故，甚至出现过因为电压不稳烧坏潜水泵、电机等灌溉工具的情况，极大降低了农民的生产热情及生产效率。2015年第一书记协调投资28万元安装了4台变压器，不仅解决了农田灌溉的用电问题，极大缓解了干旱对农作物减产的不利影响，而且为每户农民每年节约电费150元，全村每年节约电费7.6万元，带动了村民自觉投入生产的积极性。目前，王井村共有85个机电井，基本能够保障正常年景下的农田灌溉需要。

其次，办公环境的改造。王井村原有村委会办公室为较为老旧的平房，冬冷夏热，不仅影响着村"两委"成员的工作热情，也给村民办事带来诸多不便。第一书记驻村之后，先后协调投资31万元，于2016年6月建成了王井社区党政服务中心。总面积300平方米的服务中心不仅包含王井村村"两委"的办公室，还包含图书阅览室、文化活动室等全体村民都可以使用的活动空间。与此同时，服务中心不仅服务王井村村民，而且还面向附近的王太来、南刘庄、由楼、南李楼、乔官屯、南王、贾庄、小殷庄、银子王、张寨、秦庄、小吴庄、卢庄等多个村庄的村民，服务人口13808人。服务中心将经济、社会发展的行政审批事项与群众密切相关的服务事项集中办理，大厅内共设有4个开放式窗口，分别为计生、民政残联、农合农保、综合服务，每个窗口配备了专用电脑以及办事指南和须知，告知群众办事内容、程序、时限、责任人等，工作人员均由南城镇党委选派。服务中心建成后，丰富了群众们的精神文化生活，改善了群众办事环境，提高了办事效率，逐渐成为南城镇党政服务的一张名片。

最后，加快村中危房改造和人居环境整治。让贫困群众住得好、生活得好是脱贫的根本要义。开展精准扶贫以来，王井村对村中老旧危房进行了改造修建，2015年修缮3处危房，新建2处房屋，2016年新建3处房屋安置相关群众，保证了群众的生命财产安全。除此之外，第一书记与村"两委"发动村中党员力量，带动群众，对村中道路进行了拓宽，铺设了路牙石，方便了村里及通往外界的交通运输，增强了交通运输的安全保障。

第二节　多种方式促进生产，提高群众的自我发展能力

不同于给钱给物式的输血型粗放式扶贫，精准扶贫更加强调调动贫困地区干部群众的积极性和创造性，激发内生动力，增强贫困人口自我发展能力和自身"造血"能力。在多种扶贫方式中，发展生产是最为根本的"造血"方式，也是巩固脱贫成果、确保脱贫群众不返贫的最佳方式。从王井村的经济发展情况来看，村中产业发展的起步并不晚，与周边村庄相比，由于木工厂、纺纱厂的存在，王井村的经济形势可以说是"更胜一筹"。但是，由于这

图 3-2　笔者入村调查时恰逢赶上村民麦收

（林海文拍摄，2017 年 6 月）

些工厂都是私人作坊或者企业，生产规模较小，带动当地群众发展生产的能力有限，普通群众并未从其发展中受益太多，村中贫富分化较为严重。因为村中产业结构单一，除了极少数的纺纱厂老板较为富裕外，一般群众主要还是依靠传统作物小麦、玉米等农业生产，停留在"靠天吃饭"的状态，抗风险能力较弱，如遇上天灾人祸，极易致贫。第一书记驻村之后，结合王井村的经济发展历史，通过发展老榆木家具制造加工项目、中药材瓜蒌种植项目、家庭散养土鸡项目、冬暖式蔬菜温室项目，不仅带动了贫困户脱贫致富，而且对村中的产业结构进行了升级改造，实现了全村经济的整体推进。

一　老榆木加工产业的升级改造

王井村有木器加工制造的传统，20 世纪 80 年代村中就曾有过一个手工木器加工厂，一度还成为当地知名的乡镇企业，90年代工厂解散，厂里20多位木匠重新务农，为贴补家用农闲时会揽收附近乡亲家的木工活，以制造工艺品及家庭日用品为主，2010年之后开始进行老榆木加工。榆木木性坚韧，硬度与强度适中，一般透雕浮雕均能适应，质地优良变形率小，与南方产的榉木有"北榆南榉"之称，在北方的家具市场属于常见实木。榆木家具制作全部利用榫卯相连，不需要一颗钉子，可长久保存，使用、收藏均可，市场销路较广。榆木有新榆木与老榆木之分，由于新榆木含有水分相对较多，容易出现裂缝与变形，老榆木制作的家具更受市场的欢迎。

在夏津县收集老榆木有得天独厚的优势与便利，因为榆木属夏津常见树种，在钢筋砖瓦房屋出现之前，榆木是修建房屋最常用到的屋梁木材。笔者调研中发现有些修建于四五十年前的老房，屋中的榆木梁还在正常使用。20世纪90年代特别是2000年以后，钢筋砖瓦房逐渐出现并且成为当地房屋的主要建筑形式，大批的老旧房屋被拆掉，整根榆木梁被拆卸下来丢弃或者以很低的价格卖掉当作燃料，造成了严重的资源浪费。将这些梁木进行回收并将其制作成家具，不仅实现了老榆木的循环再利用，降低了制作成本，而且制作出的家具不容易变形开裂，一举多得。

王井村的老榆木加工业为家庭作坊式，发展劣势与困难日益突出：设备简陋，制作成品费工、费时、费力；技术标准低，产品质量参差不齐，产量无法保证规模化生产的正常需求；流动资金不足，严重制约产业的扩大规模与设备更新；一家一户作坊式的加工经营模式，无法形成品牌效应；产品设计缺乏创新，款式老旧，影响了产品的市场销路。精准扶贫工作开展以后，第一书记和村"两委"决定首先利用王井村木器加工的基础优势，重点扶持一家大户，成立企业，扩大规模，吸纳贫困户加入。经过考察与走访，选择了有着20多年木器加工制作经验、为人诚实厚道的村民王红军作为带头人，同时联系了浙江东阳市卢罡红木集团前来投资联合办厂并提供技术支持。最终由王红军、卢罡红木集团、村委会三方投资，成立了夏津宏榆堂古典家居有限公司，其中村委会投入省扶贫专项资金17万元，以利息的形式收取分红，年终将分红所得均分给村中的贫困户。

企业发展壮大，先要解决资金问题，既包括基础投资资金，也包括维持生产流水线运转的流动资金。此前小规模生产经营的家庭作坊，不符合银行相应的担保要求，很难拿到贷款。第一书记和村"两委"利用扶贫政策，联系到夏津农商银行，采用了"房产抵押＋农户保障性担保"的方式，通过"政府＋银行＋贫困户＋公司"模式，获得政府贴息扶贫贷款150万元，节约了企业的融资成本，解决了流动资金不足的困难。资金问题解决后，通过村中土地流转，以每亩地1000元的价格租用村民土地25亩，建设新厂房。为解决原有产品款式老旧、工艺落后的问题，组织工厂技术人员到浙江东阳红木家具之乡进行考察学习，学习南方家具设计理念、加工工艺、销售模式。老榆木生产加工升级改造后，产品的价格也因品质的提升实现了翻番，原先一套20000多元的沙发可以卖到48000元。为了实现品牌效益和规模效益，引导鼓励企业"抱团"经营，宏榆堂联合村中其他木器加工作坊，以团队的力量为大家提供帮助，相互支撑，拓展生存发展空间，提升家具产品的竞争力，实现了由分散经营向集约经营的转变。

2015年7月宏榆堂新厂建成投产，用工需求从曾经的六七个人，猛增到七十多人。公司实行标准化的企业管理模式，引进先进技术、配套完善产业链，提高了产品的产量和质量。除此之外，公司还建立了网站，注册了商标，加强了宣传，形成了一定的品牌知名度。在宏榆堂的带动下，全村新增6家榆木加工企业，解决了180多人就业，吸纳安置了27户有劳动能力的贫困户来厂打工。这些有劳动能力的贫困户，有技术的干些技术活，没有技术的干些体力活。

56岁的贫困户徐忠年轻时在外面做建筑民工，年纪大了做不了重体力活之后就回老家种地。由于妻子患有乳腺癌和心脏病，家里医药费花了共计30多万元，不但花光了之前的积蓄，还欠了10多万元的外债，一家人生活十

图3-3 贫困群众通过在家具厂就业脱贫
（张姗拍摄，2017年6月）

分困难。宏榆堂成立之后，有木匠手艺的徐忠来到工厂打工，不仅离家近方便照顾妻子，而且一天工作8个小时能赚到100元的工资，极大缓解了家里的经济困难情况。之前因为外债太多而不愿出门见人的徐忠，又重拾了生活的信心与热情。65岁的贫困户王为敏患有脑血栓，干不了重活，也没有木工手艺，被安排到工厂里负责拆掉老榆木木材上原有的钉子，工资以件计数，一根木头2元钱，一天能挣50元钱左右。那些没有劳动能力的贫困户，年终也可以得到入股扶贫资金的利息分红，一同分享企业发展的成果。

由于榆木家具档次与价格较高，宏榆堂的家具产品主要销往消费能力比较高的大城市。除了接受定制生产成品外，为了扩大产业链，宏榆堂还批发未刷漆的白茬家具，为知名家具企业提供代工服务。笔者调研时，恰好赶上宏榆堂赶制北京某家具厂的订单，据其企业负责人讲，由

图3-4 家具厂生产的部分成品
（张姗拍摄，2017年6月）

于王井村的劳动力成本相对较低、夏津县的老榆木资源丰富、宏榆堂产品质优价廉且与不少品牌家具企业建立了良好的合作关系，当宏榆堂订单太多忙不过来时，在保证产品质量的前提下，会联合村中其他几家规模较小的家具厂一同生产。目前，宏榆堂已经成为华北地区最大的老榆木韩式大料家具生产基地，在北京、济南、青岛家具市场都设有展厅，年销售额达 2000 万元。

二　瓜蒌种植合作社

王井村的主要产业是种植业，早些年普遍种植经济作物棉花，但由于棉花价格的持续走低，再加之棉花需要的人力投入较多，现在村里种植棉花的耕地面积大幅减少，农作物以小麦、玉米等粮食作物为主，附加值较低。扣除种子、播种、收割等成本，小麦玉米加在一起，一亩地年收入只有 1200 元左右，再加上国家对小麦一亩地 120 元的补贴，总收入也就是 1320 元左右。近两年，由于麦收时节总遭遇大风暴雨，小麦大幅减产，对本来收入就不高的农民来说无疑是雪上加霜。能否选择一种附加值高同时又适宜在王井村种植的农作物，成为第一书记与村"两委"思考与讨论的焦点。经过多次商议与考察，瓜蒌成为王井村农作物的新选择。

瓜蒌，别名栝楼、糖瓜蒌、蒌瓜，是一种传统的中药材，果实、果皮、果仁（籽）、根茎均可入药，具有清热涤痰、宽胸散结、润燥滑肠的功效。在掌握种植技术的前

图 3-5 硕果累累的瓜蒌
（王阳春拍摄，2016 年 9 月）

提下，瓜蒌的田间管理相对简单，除了前期设施的布置，不需要频繁的人力投入，每年 3 月种 11 月收，种在地里，三四年不用动。根据市场价，瓜蒌籽 1 公斤 45 元，加上根、皮等的收益，管理好的话，一年一亩地能收入 1 万元左右，这是种植传统农作物收入的近 10 倍。虽然经济效益良好，但是瓜蒌为何物，村民谁也没见过，如何种植和管理瓜蒌，更是无人知晓。

第一书记带领镇长、王井村支部书记前往瓜蒌集中产区安徽考察后，先在王井村实验种植了半亩地。由于缺乏种植经验，效果不是很理想，不过由于瓜蒌的药材价值和较高的收购价格，看到瓜蒌实物的村民中有人想试种。于是第一书记与村"两委"又组织村民代表、致富带头人到安徽潜山瓜蒌种植基地参观，进一步了解瓜蒌种植及销售的基本情况，并与当地的瓜蒌公司签了合同。瓜蒌成熟后，种植户可以自找销路，也可以由签约公司回收瓜蒌籽、皮、根，从而保障瓜蒌后期的市场销售，解决种植户的后顾之忧。2016年春天，王井村发动群众，以"合作社+贫困户"的形式，成立了好郇记瓜蒌种植合作社。合作社初期投资23万元行业扶贫资金，一共发展了120亩的瓜蒌田，这些土地主要从无力种植土地的贫困户手里流转出来，每亩地每年向他们支付租金800~1000元。

由于贫困户无力直接种植瓜蒌，也不具备抗风险能力，因此还得动员村里的种植大户、致富带头人认领种植合作社的瓜蒌田。为了鼓励种植，王井村利用第一书记带来的省专项扶贫资金购买了瓜蒌种植需要的水泥柱子、铁丝网，另外对种植户给予每亩500元的租金补助，大大降低了种植户的种植成本与风险。最终，120亩瓜蒌田全部被村民认领，其中王云涛25亩、王维强13亩、王子双28亩、王为强27亩、王传国27亩。这些种植户和安徽的瓜蒌公司签了三年合同，对方提供种植管理方面的技术指导，并负责回收瓜蒌籽儿、皮、根。如果收购价低于市场价，种植户也可以自己销售。

2016年，瓜蒌种植之后，安徽的瓜蒌公司前后四次派人来王井村进行技术指导。根据2016年王井村瓜蒌合作社的收成来看，一公斤瓜蒌籽儿45元，管理比较好的种植户一亩地可以收100多公斤瓜蒌籽儿，再加上瓜蒌皮，一亩地能收入5000多元，经济效益远远超过种植小麦、玉米的收入。并且瓜蒌根市场价格更高，种植三年后才能将其刨出，这也会给种植户带来一笔不低的收益。2017年笔者调研时，瓜蒌田里长势喜人，有了一年种植经验的种植户王维强对2017年的收成信心满满。其他最初不敢试种的村民看到瓜蒌的经济收益，也都跃跃欲试。未来瓜蒌合作社的种植规模有望进一步扩大。

三 土鸡散养合作社

除了宏榆堂家具厂、好鄃记瓜蒌种植合作社，第一书记和村"两委"结合王井村废弃庭院多、大湾多、村民有家庭养殖传统的实际情况，于2015年7月成立了好鄃记土鸡散养合作社，带动缺乏劳动力、不方便外出打工的贫困户特别是老年人、留守妇女脱贫。合作社利用行业扶贫资金2万多元，在德州平原县买了3200只土鸡苗和养鸡用的网子，然后把它们分给了五户缺乏劳动力的贫困户，计划利用农村传统办法散养土鸡，以林地家庭散养为主，以杂粮、麸皮、草籽、虫类、豆饼为饲料，生产安全无污染纯天然的散养土鸡与土鸡蛋。虽然初衷很好，但是在实

图3-6 散养土鸡项目
（王阳春拍摄，2016年5月）

际操作中，土鸡散养项目的进展并不太顺利，具体表现为土鸡管理跟不上，市场销售不稳定。虽然村民都养过土鸡，但一般只有几只，最多十几只而已，与几百只的养殖管理存有很大的差别。由于缺乏规模化养殖的经验，出现了不少病鸡、死鸡。市场销售方面的问题最为突出，与养殖场相比，土鸡养殖规模相对较小，产量少且不稳定，养殖户找不到上门回收鸡蛋的公司，只能自己零散销售。根据市场行情，土鸡蛋一般1元钱1个，当地普通鸡蛋的价格是3元钱1斤，因此土鸡蛋市场受众规模太小，一般只有家中生孩子的村民才会买土鸡蛋和土鸡。最终，为了把鸡蛋销售出去，养殖户不得不按照普通鸡蛋的价格出售土鸡蛋。虽然有补贴，贫困户未赔钱，但是项目收益与最初预想有一定差距，不过这也恰恰说明精准扶贫工作不是一蹴而就的，扶贫项目从想法到落地，需要接受各方面的考验。

四 冬暖式无立柱钢结构温室大棚

尽管宏榆堂家具厂与好郐记瓜蒌种植合作社已经明显提高了村中贫困户和普通村民的收入，但是如何带动更多的人发家致富，是第一书记和村"两委"一直考虑的问题。受寿光蔬菜的启发，继瓜蒌之后，他们决定发展大棚蔬菜种植，实现种植结构的优化升级。不同于瓜蒌的露天种植，蔬菜种植需要建设温室大棚，因此前期资金投入比较大。正在大家为资金不足发愁的时候，2016年中央专项

图 3-7 蔬菜大棚内的黄瓜秧

(张姗拍摄，2017年6月)

扶贫资金项目 100 万元的申请通知下发到夏津县。由于这个项目全市仅有 8 个，王井村第一书记和村"两委"高度重视，积极准备项目论证申请书等相关申请材料。经过激烈的竞争，王井村的冬暖式无立柱钢结构温室大棚项目脱颖而出，最终获得了 100 万元的扶贫专项资金，解决了前期建设大棚资金不足的燃眉之急。由于王井村没有种植蔬菜的经验，第一书记带领村"两委"及村民代表，前往蔬菜之乡章丘市冬暖蔬菜大棚种植基地、济南市历城区张尔草莓种植示范基地参观学习。一方面寻求合作对象，一方面调动村民生产积极性。最终，王井村与章丘市的蔬菜公司建立合作关系，由对方提供技术、种苗等生产物资并负责回购蔬菜。

蔬菜大棚前期投资巨大，无法像瓜蒌合作社那样，将其直接交给个人承包建设，因此，大棚属于村集体所有，由村集体利用扶贫资金建设,之后再将其出租给村民,村民只需承担租金风险。7个大棚一共出租给了3户人家——王云涛、张凤祥、徐林君,其中王云涛一人承包了5个,其他每人一个。资金技术、市场销路、大棚出租等问题解决后,2016年底王井村冬暖式无立柱钢结构温室大棚项目迅速开工,租用村民土地37亩,建设大棚7个,其中6个大一些的大棚租金为每年每个15000元,1个相对小一些的大棚租金为每年13500元。依靠大棚租金,村集体每年有103500元的收入,除去37000元的土地租金,剩余的66500元属于村集体收入。其中30%的钱用作村集体项目的支出,70%的钱直接作为项目分红分给贫困户,人均分得280元。

2017年1月笔者调研时,大棚还未建设完毕,6月再次前往调研时,大棚里的有机黄瓜、西红柿就已经丰收上市,每天都有车辆来村里收购,主要销往上海的超

图3-8 用来授粉的蜜蜂蜂箱
(张姗拍摄,2017年6月)

市、商场。大棚建设与运营全部按照有机农业生产的要求，棚内装有蜂箱，由蜜蜂负责授粉，生产中不使用农药，只使用安全无毒的生物制剂，所生产的有机水果黄瓜与有机西红柿均可采摘下来直接食用。由于蔬菜的种植管理及采摘都需要用人，大棚吸纳了包括贫困户在内的王井村及周边村的村民前来打工。一般1人1天80元工资，时间机动灵活，非常适合村中不方便长期外出打工的人员。大棚负责人王云涛说上半年的大棚收成已经使租金、种苗等前期投入基本回本，下半年的收成应该就是纯收入，如果销量稳定，预计每个大棚收入至少可达20000元。

第三节　社会保障兜底扶贫，不让一家贫困户掉队

通过前文对王井村贫困户特点的分析发现，疾病、年老、残疾是最主要的致贫原因。对于丧失劳动能力的贫困户而言，发展产业直接带动其就业的扶贫方式并不可行，只能依靠社会保障进行兜底扶贫。2016年王井村贫困户有58户，其中2户2人为五保户、47户50人为低保户。五保户中1人在乡镇敬老院集中供养，1人在家中供养，每年领取3600元的五保户补贴。低保户每年每人可以领取1728元的低保补助，由民政部门按季度发放，每季度发放

图3-9 笔者与村文书入户调查
（林海文拍摄，2017年6月）

432元。同时，按照国家补助政策，农村超过60岁的老人，每人每个月能领取100元的生活补助，一年共计1200元。除此之外，残疾村民可领取残疾人补助，根据残疾程度不同，补助分为两档：一档是轻度残疾，村民每年可领取960元补助；一档是重度残疾，村民在领取960元补助的基础上还可以领取960元的护理补助。王井村共有65位残疾人，其中20人为重度残疾、45人为轻度残疾。另外，符合独生子女政策的父母60岁以后，每人每年可领取960元的补助。

除了领取上述国家补助，贫困户还可以领取王井村的扶贫项目分红，2016年宏榆堂家具厂人均分红80多元，蔬菜种植大棚人均分红280元，瓜蒌合作社人均分红123元，共计483元。此外，王井村人均1.5亩耕地，丧失劳动能力的贫困户通过向种植大户、合作社、家具厂、蔬菜大棚流转闲置土地，每亩地可得到800~1000元的土地租金。以88岁的贫困老人王子芬为例，其可领取1728元的低保补助、1200元的老年人补助、1500元的土地流转租金、483元的扶贫项目分红，共计4911元，超过了3402元的山东省省定农村人口贫困标准线，实现了脱贫。将来，这一部分困难群众的脱贫成果能否巩固，还依赖于各项社会保障制度的持续落实，只有真正做到"应保尽保"，才能彻底解决贫困人口的后顾之忧。

第四节 发动社会力量，公益助力脱贫

扶贫开发是一项庞大的社会系统工程，除了依靠政

图3-10 王井村的小学

（张姗拍摄，2018年8月）

府的财政补贴之外，还应该广泛动员企业单位、社会组织、个人力量参与扶贫开发，实现社会帮扶资源和精准扶贫的有效对接。王井村第一书记王阳春就职于山东省社会科学院，驻村之后，积极发挥单位职能和个人资源优势，开展了一系列帮扶活动。联系山东省社会科学院机关党委、工会为王井村的南城明德小学师生捐赠了图书、书包、文具、体育器材、电脑等价值3万元的教学用品，为3名贫困大学生办理了助学贷款。联系山东省残联开展了"爱心助残，第一书记送温暖"活动，给王井村的残疾人送来了轮椅、拐杖，解决了残疾人的生活困难。协调省残疾人基金会为患双耳突发性耳聋的村民王坤（父母均患有大病）筹集医药费30万元。联系山东省江苏商会到夏津走访开展"城乡牵手，共赢明天"活动，为王井村的贫困学生捐资助学，捐赠现金8000元、物品3000多元、字画10幅，结成助学帮扶对子3对。联系创未来辅导机构到王井村办辅导班，为10名贫困学生免除辅导费，解决了暑假期间学生在家没人管理的问题。

第五节 开展美丽乡村建设，改善人居环境

脱贫不只包括吃饱穿暖，还应该让老百姓安居乐居。

图 3-11 每天来村里的垃圾清运车
（张姗拍摄，2017 年 6 月）

2015 年至 2016 年，王井村利用 10.5 万元的项目补助资金，协调落实危房改造 8 户，改善了贫困户的居住环境，保证了其居住安全。全村环境治理方面，王井村加大了生活垃圾处理、污水治理、村庄绿化美化力度，开展了改厕活动。之前村民多把生活垃圾丢弃在村中干涸的大湾或者村旁的沟渠里，不仅破坏了生态环境，而且容易滋生细菌，造成疾病的传播。2016 年，夏津县开展农村生活垃圾集中处理工程，为每个村都配置了公用垃圾箱。王井村设有 12 个垃圾箱，每天都有垃圾回收车辆集中回收生活垃圾。同时，由县财政出钱，根据村庄人口数量，配置相应的保洁人员，负责村中道路的卫生保洁及公用垃圾箱的日常维护等工作。王井村配有两名保洁员，均由贫困户担任，每人每个月可以领取 400 元工资。有了公用垃圾箱之后，基本上阻绝了此前垃圾随处丢弃的现象。与此同时，王井村利用省林业厅下拨的10万元项目资金,完成了村内干道绿化美化工程,投资11万元在村中心原来堆满垃圾的大湾处新修公园一座。

第六节　加快公共文化设施建设,丰富村民文娱生活

扶贫开发不仅要提高贫困群众的经济收入,摆脱物质贫困,还应该丰富其精神文化生活,实现精神脱贫。精准扶贫工作开展以来,王井村加快农村文化建设,推动健身广场、村文化室、农家书屋等公共文化设施建设,满足村民锻炼身体和丰富精神文化方面的需要。第一书记驻村

图 3-12　王井村的图书阅览室
(张姗拍摄,2017年4月)

后，每天早晨 6:30 打开中央人民广播电台的《新闻和报纸摘要》，面向全村播放，让老百姓了解天下大事，听取重大新闻，每天都能听到党中央的声音，了解党中央的利农、惠农新政策。继续实施广播电视"村村通"工程，以有线电视为主、地面卫星接收为辅，实现广播、电视信号普及率100%。实现宽带进村，满足了村委会行政办公、远程教育培训以及小学远程教学等需要。笔者调研期间，每天晚上村里的健身广场上欢声笑语，村民们跳起热闹的广场舞。通过跳舞、下棋等文娱活动，村民锻炼了身体，提升了生活幸福感，增强了脱贫致富奔小康的信心与热情。

第七节　小结

2015 年 10 月 16 日，习近平总书记在减贫与发展高层论坛上首次提出"五个一批"的脱贫措施，具体包括发展生产脱贫一批，易地扶贫搬迁脱贫一批，生态补偿脱贫一批，发展教育脱贫一批，社会保障兜底一批。[①] 王井村的脱贫路径丰富多元，其中发展生产是关键，社会保障是底线，教育脱贫成效相对缓慢但意义深远。截至笔者 2017

---

① 习近平:《携手消除贫困 促进共同发展——在 2015 减贫与发展高层论坛的主旨演讲》，新华网，2015 年 10 月 16 日。

年调研时，王井村的精准扶贫工作开展时间虽然只有短短两年，成效已经有所体现，具体如下。

一 全村人均收入明显提高，2016年全村实现整体脱贫

2014年王井村人均年收入为4500元，2016年增长为7600元，村集体收入从无提高到31000元。收入提高的背后，是产业结构的优化升级，宏榆堂家具厂改变了原有家庭作坊式的低端生产方式；瓜蒌种植合作社与温室蔬菜大棚从无到有，改变了此前小麦、玉米等较为单一的种植结构。随着产业结构的升级，扶贫项目创造出越来越多的工作岗位，吸纳了本村及周边村庄的闲置劳动力，提高了包括贫困户在内的村民就地就业率。

二 土地流转逐步推进，规模效益逐渐显现

王井村共有2300亩土地，现在近1/3的土地进行了流转，除了流转给家具厂、合作社、温室大棚这些扶贫项目，更多的土地被流转给村里的种植大户。2017年，王井村的种植大户有王云涛（200亩）、李金久（85亩）、王维强（135亩）、李象喜（200亩），前三人以小麦、玉米种植为主，李象喜以种植地瓜为主，虽然都是传统农作物，但是因为种植面积大，便于现代化集中管理和机械化经营，容易产生规模效益。以王云涛2016年的种地收成为例，除去租金、种子、化肥、人工费用等投入，一亩地的利润是

200元左右，再加上国家发放的一亩地185块钱的麦田补助（125元的基础补助加60元的大户补助），差不多一年能有70000多元的净收入。也正是因为有这些种植大户以及村中扶贫项目对土地的使用需求，村中无力耕种土地或者外出打工经商不便耕种土地的农民才能将土地顺利流转，既保证了土地的利用，也增加了出租农户的经济收入。

三　村容村貌明显改观，村民精神生活日益丰富

王井村推动新农村建设，依托土地整理项目的实施，改善农村居住环境，加大了对村庄集市环境的整治力度，改善了村容村貌。通过拓宽道路、铺设路牙石等基础设施建设以及垃圾集中处理、村庄道路绿化、改厕运动等美丽乡村建设，王井村的面貌有了很大改观。无论是村中公共环境还是村民家庭环境，较之前都有较大改观与美化。与此同时，通过健身广场、文化大院、村民活动中心等文娱设施的建设，王井村村民的精神文化生活日益丰富多样。打牌的人少了，健身的人多了，生病的人少了，跳舞的人多了。有些家庭矛盾或者邻里纠纷，也比之前更容易解决了。特别是贫困户，有劳动能力的通过就业实现脱贫之后，经济负担和精神压力明显减轻，对生活的信心越来越足。无劳动能力的贫困户通过领取各项补贴，减轻了家庭的经济压力，家庭关系更为和睦。王井村村风焕然一新，全村群众正在齐心协力致富奔小康。

旧村委会办公室（2015年2月） 　　新社区服务中心的办公大厅（2016年10月）

昔日的垃圾场（2015年3月） 　　今日的小公园（2016年7月）

危房改造前（2015年10月） 　　危房改造后（2016年2月）

旧广场上群众自带凳子看电影（2015年5月） 　　新广场上群众跳舞健身（2016年11月）

图3-13　王井村精准扶贫前后部分对比

（王阳春拍摄）

第四章

王井村精准脱贫中的多方协同

精准扶贫是一项涉及多方的系统工程，只有干部群众多方协作，心往一处想、劲往一处使，才能形成发展合力，顺利实现脱贫目标。在王井村的脱贫经验中，多方协同的模式至关重要。第一书记担负着"建强基层组织、推动精准扶贫、为民办事服务、提升治理水平"的职责，是开展精准扶贫工作的领头人。村"两委"熟悉村情民意，作为乡村治理的基层组织，在传达落实扶贫政策与治理村集体事务中起到了战斗堡垒作用。以大户、能人为代表的村庄精英，自我发展能力与带动村民能力较强，是开展实践扶贫项目的先锋队。贫困群众，作为扶贫脱贫工作的主要对象，是精准扶贫工作的主力军。

第一节　第一书记——精准脱贫的领头人

第一书记驻村带领群众脱贫是干部下乡在新时代的延续。2015年6月18日，习近平总书记在贵州召开部分省（区、市）党委主要负责同志座谈会，特意强调："做好扶贫开发工作，基层是基础。要把扶贫开发同基层组织建设有机结合起来，抓好以村党组织为核心的村级组织配套建设，鼓励和选派思想好、作风正、能力强、愿意为群众服务的优秀年轻干部、退伍军人、高校毕业生到贫困村工作，落实好向贫困地区村党组织选派第一书记措施，真正把基层党组织建设成带领群众脱贫致富的坚强战斗堡垒。"[①] 从全国范围来看，各地选派第一书记的时间各不相同，山东省2012年印发了《中共山东省委关于以选派"第一书记"为抓手，扎实开展基层组织建设年的实施意见》（鲁发〔2012〕5号）文件，开始正式选派第一书记到贫困村抓党建、促脱贫。第一书记从省、市、区、乡镇选拔产生，在派驻的乡镇党委和派出单位党组（党委）领导下开展工作，与村党支部书记一起，集中力量，强化班子，协调推进扶贫任务落实。2015年2月，时任山东省社会科学院机关党委副书记的王阳春经过山东省委组织部的选拔、考核、培训，被派往当时的省定贫困村王井村。第一书记的到来为王井村各项事业的开展提供了新的动力，从识别

---

① 中共中央党史和文献研究院编《习近平扶贫论述摘编》，中央文献出版社，2018，第37页。

贫困对象到制定具体帮扶措施，从找资金、找项目到发动群众广泛参与，王阳春为实现全村整体脱贫起到了积极作用，其工作可以总结为以下几个方面。

一　开展学习教育，强化基层组织建设

面对王井村党组织涣散的不利局面，第一书记每周二定期开展党性教育，组织全村党员干部学习党的基本知识与最新理论，既增强了党员特别是年轻党员的党性观念，也增强了老党员、老干部的责任感和荣誉感。在加强党员同志教育学习的同时，第一书记也十分关注普通群众的思想认识，每天早晨6:30向全村广播中央人民广播电台的《新闻和报纸摘要》节目，让村民每天都能听到党中央的声音，了解党中央一系列利农、惠农新政策，增加脱贫致富奔小康的劲头。

在基层组织建设方面，第一书记注重后备干部的培养，把返乡的大中专学生、复退军人、致富能人等优秀人才纳入村级后备干部队伍进行重点培养，带动了村级干部整体素质提升。除此之外，第一书记到村之后，按照基层党支部建设的有关要求，积极推动村党支部建立和完善相关制度，规范和促进了一系列制度的落实。比如凡是村里重大事务，都由村"两委"会议研究决定，坚持实行"四议两公开"民主决策机制；重大投资决策和建设项目必须经村民代表大会表决通过，有效避免了盲目投资建设，发扬了村级党组织的民主作风，促进了廉政建设。2016年

王井村党支部被夏津县委授予"先进基层党组织"荣誉称号。

二 利用行业帮扶的优势，协调政策资金落地

王阳春作为由山东省委组织部派出的第一书记，积极利用省直单位行业帮扶优势，协调相关政策资金的落实与到位。在其驻村期间，王井村获得省行业主管部门下拨的扶贫项目建设资金总计467.5万元，主要包括：农民健身广场建设项目资金6万元、第一书记扶贫互助项目资金60万元、村内干道绿化美化项目资金10万元、农家书屋文化大院建设项目资金5万元、"一事一议"财政奖补资金40万元、危房改造资金10.5万元、残疾人帮扶资金7万元、整村推进项目资金100万元、金融扶贫贷款150万元、修路资金40万元、公园建设资金11万元、安装变压器资金28万元。这些资金的投入为王井村的产业发展及各项事业的建设提供了强有力的保障。

三 解放村民思想，促进产业新发展

王井村村民特别是贫困群众整体文化素质较低，思想较为落后保守，自身发展动力不足。以村中主体产业种植业为例，全村以传统的粮食作物小麦、玉米为主要种植物，收入较低，即便如此，大部分人认为改种其他作物风险较大，不愿也不敢尝试。第一书记结合王井村的气候土

壤条件，引进了经济附加值更高的瓜蒌种植项目与蔬菜大棚项目，并通过外地考察与本地试种相结合的方式，解放村民思想，转换其种植思路，进而提高了种植效益，增加了经济收入。与此同时，村中原有的老榆木加工作坊无品牌、无规模，产品质量参差不齐，第一书记借鉴其他地区家具加工产业发展经验，引进资金与技术，注重品牌建设与规模经营，实现了王井村老榆木加工产业的转型升级。第一书记驻村期间，共组织11批次58人次的集中培训与外出参观，帮助王井村村民开阔了视野，减轻了顾虑，激发了自身内在发展动能。

四 发挥个人资源优势，全面助力脱贫工作

王阳春担任王井村第一书记期间，积极发挥单位职能和个人资源优势，开展了一系列帮扶活动。比如组织其所在单位工会为王井村南城明德小学赠送图书、书包、文具、体育器材、电脑等教学用品，为贫困大学生办理助学贷款；联系山东省残联为王井村残疾人赠送轮椅、拐杖等，协调山东省残疾人基金会为患双耳突发性耳聋的村民王坤（父母均患有大病）筹集医药费；联系山东省江苏商会为王井村的贫困学生捐资助学，结成帮扶对子等；联系创未来辅导机构为王井村学生免费辅导等。这些本不在第一书记工作职责之内的扶贫措施，在王阳春积极推动下，为王井村的贫困户提供了最直接的帮助，让他们感受到了社会公益力量的温暖，增加了他们脱贫致富的信心与动力。

第二节 村"两委"——精准脱贫的战斗堡垒

村支部的职能是宣传党的政策、帮助党的路线方针政策在基层落实、带领广大基层人民在党的领导下发家致富奔小康。村委会是村民民主选举产生的自治组织，带领广大村民致富。虽然在级别和编制上，村"两委"不算国家机关，但是它们在村庄日常事务管理中发挥着重要的作用，特别是农村基层党组织，是贯彻落实党的扶贫开发工作的战斗堡垒。

王井村"两委"成员情况如下：王为强，初中学历，除耕种自家田地外，平时作为货车司机主要从事交通运输业，自2011年起担任村委会主任，同年加入中国共产党，2015年兼任村党支部书记；村委会文书李金瑜、党支部纪检委员李金星、村委会委员王为奇均已超过50岁，均为高中学历，属于20世纪六七十年代村里的高才生，同时均为党龄时间较长的老党员，具有多年的村干部工作经验。其中，李金瑜自1969年高中毕业回村务农后，就开始担任大队会计、大队队长，已有近50年的村庄治理经验。李金星在2016年担任纪检委员之前，曾任团支书、支部委员、村委会主任等职务。唯一一名女性委员任安喜自1987年兼任村妇女主任、计生主任后，负责村中妇女工作和计划生育工作的组织与实施，主要包括育龄妇女一年两次的计生检查，以及60岁以上妇女的身体检查等工作。随着村级组织运转经费保障机制的日益完善，村干部的报酬待遇逐渐提高。2016年之前只有村支部书记、村委会主任、文书、计生主任能够领取工资，2016年之后，纪委委员也开始领取工资。2016年，村支部书记兼村委会主任王为强年工资为18000元，文书李金瑜年工资为6000元，纪检委员李金星、计生主任任安喜年工资均为4000元。

表4-1　2017年王井村村"两委"成员工资情况

职务	姓名	性别	年龄	文化程度	党龄	交叉任职	年工资（元）	任职届数	备注
村支书	王为强	男	44	初中	5	村委会主任	18000	1	党员
纪检委员	李金星	男	59	高中	40	村委会委员	4000	9	党员
支部委员	李金瑜	男	66	高中	45	文书	6000	8	党员
村委委员	王为奇	男	53	高中	18	无	0	6	党员
村委委员	任安喜	女	60	初中		妇女主任、计生主任	4000	7	群众

精准扶贫工作开展之前，由于村中无任何集体项目也无任何集体资金，除了配合上级部门开展一些常规活动外，王井村"两委"班子相对松散。同时，村中年轻人多外出打工就业，留下来的年轻人对村中集体事务也不太感兴趣，除王为强任职时间相对较短外，其他几位村"两委"成员均已任职多届，成员整体年龄相对较高，发展意识相对保守落后。精准扶贫开展之后，村"两委"的战斗堡垒作用逐步发挥出来。笔者调研发现，王井村"两委"成员虽然自身发展能力有限，但均朴实热情，对于第一书

记的到来充满着欢迎与感激之情，并未像有些村庄一样把第一书记当作闯入村务治理的外来人进行抵制和排斥。在配合第一书记开展识别认定贫困户的工作中，村"两委"成员充分发挥熟悉村情民意的优势，走家串户宣传政策，确保识别认定工作公平、公正、公开。面对村民的异议与矛盾，村"两委"利用多年村庄治理经验与人脉威望，积极化解，减轻了精准扶贫措施的实施阻力。纵然第一书记为王井村的脱贫工作带来了资金、项目、思路，但若不是村"两委"的积极配合，这些脱贫措施很难落地实施。无论是村中公共事务如修路、绿化，还是扶贫项目的宣传实践，基层党组织成员特别是老党员起到了很好的模范带头作用。精准扶贫的开展增强了王井村"两委"的凝聚力与战斗力，与此同时，王井村"两委"也为精准扶贫工作的实施提供了组织基础与保障。

第三节　村庄精英——精准脱贫的先锋队

以大户、能人为代表的王井村村庄精英，虽然不是脱贫对象，但是在脱贫工作中起到了先锋队的带动作用。王井村村庄精英的产生与出现，与村庄经济发展历程密不可分。

农业是王井村的主导产业，耕地是村民最重要的生产资料。20世纪80年代包产到户后，农户开始自主经营。

最初耕地是根据户口均分的，户口在王井村的人就可以分得耕地，户口迁出王井村的人就需要交回耕地。第二轮土地承包期内，王井村土地共经历了两次调整，分别是1998年夏津县土地调整与2003年南城镇土地调整，土地调整面积总计100亩左右，主要为增添人口的分地以及修路挖渠等村集体项目的建设用地。2015年农村耕地确权之后，无论家庭人口增减变化，其耕地数量不再进行变动。截至2016年底，村中土地确权登记发证面积为2282亩。

棉花曾是王井村的主要种植物，20世纪90年代，由于棉铃虫害肆虐，棉花种植需要投入的人力成本和农药成本大增，而产量极低，农户每年还需要缴纳村提留款和乡统筹款，种地成为不赚钱甚至赔钱的事情。有些村民为了不种地不缴提留款，特意想门路走关系把户口迁出去，村中也一度出现耕地闲置抛荒的现象。2002年，随着农业税的改革，农民无须再缴纳任何费用，加上抗虫棉的推广，棉花种植所需的人力成本和经济成本都大幅下降，村中逐渐出现租种土地的现象，土地租金从最初的1亩地两三百元发展到现在的800元左右。

与此同时，随着市场经济与城镇化的发展，20世纪90年代以后，王井村外出经商与打工的村民日益增多。目前，王井村在外地经商的村民大概有108人，在外务工人员有270人，这些人户口仍都留在王井村，其名下所分配土地一般出租给别人耕种。即便留在村中生活的人也多选择在王井村或者距离不远的县城打零工，50岁以下的村民基本上没有单纯从事农业生产的，其名下土地多对外出租或由家中老人代为日常管理。在此背景下，大量的土地有待出租，进而催生了租种土地进行规模化集中种植的大户。另外，国家补贴政策对于大户种植也有一定的倾斜，国家自2001年开始发放土地耕种补贴，最初1亩地是13块钱，2017年时上升至1亩地125元，但仅限于种植小麦的土地，其他农作物不享受补贴。由于土地所有者已经获得了租金报偿，耕种补贴一般由实际耕种人领取。耕种面积超过50亩的耕种大户，除了每亩地125元的一般性补助，还可以多领取每亩地60元的补助，200亩为最高限，超过200亩的部分不再领取。目前，王井村进行流转的土地合计800余亩，土地流转农户有120户，主要包括外出经商、打工者，留在本地务工的年轻人，丧失劳动能力的老弱病残村民等。由于棉花不便于机械化种植管理且近年来价格下跌严重，现在王井村以小麦、玉米种植为主。

除了种植业，王井村还有木器加工传统，1984年时村中已建有一个木器加工厂，并且发展成为当地小有名气的乡镇企业。1990年受到木器机械制造业的影响，王井村木器加工厂解散，大概有20位木匠失去了工作，重新回家种地，其中一些木匠农闲时也会揽收附近乡亲的木器活儿以补贴家用，属家庭作坊式生产，主要进行工艺品的制作，2010年之后开始进行榆木加工。

与此同时，位处产棉大县夏津县，王井村村民1990年成立了第一家私人纺纱厂，2004年建立两家，2010年新建三家。2010年之后本地棉花种植业日益缩小的形势，给这些棉纺厂的生意造成了一定的影响，目前村中尚有4家纺纱厂。规模相对较大的木器加工作坊与纺纱厂的经营者，成为村中最早发家致富的人，也就是所谓的"能人"。这些能人在积累财富、实现自身发展的同时，也解决与带动了一部分本村或者邻村村民的就业。

王井村精准扶贫工作开展之后，第一书记与村"两委"决定在村中已有能人、大户中挑选出思想品德好、业务能力强的人，为其提供技术、资金、政策支持，将其打造成脱贫工作的先锋，带动贫困群众脱贫。考虑到王井村多年的木器加工传统与优势，王阳春与村"两委"决定重点扶持一家大户，成立企业，扩大规模，吸纳贫困户加入。最终，有着20多年木器加工制作经验、为人诚实厚道的村民王红军被选为带头人，与前来投资并提供技术的浙江东阳市卢罡红木集团以及村委会三方联合成立了夏津宏榆堂古典家居有限公司，其中，村委会投入17万元省扶贫专项资金，以利息的形式收取分红，年终将分红所得均分给村中的贫困户。通过"政府+银行+贫困户+公司"模式，宏榆堂获得政府贴息扶贫贷款150万元，解决了流动资金不足的困难，扩大了生产规模，进行了设备升级。同时，宏榆堂联合村中其他木器加工作坊进行"抱团经营"，打造品牌效应和规模效应，提升家具产品的竞争力，实现了由分散经营向集约经营的转变。2015年，老榆木家具制造加工项目共解决200多人的就业问题，吸纳安置了27户有劳动能力的贫困户，没有劳动能力的贫困户也可以通过扶贫资金的利息分红分享企业发展的成果。

除此之外，第一书记与村"两委"鼓励村中种植大户扩大规模，成立农民种植合作社，引入新品种、新技术。截至笔者调研时，王井村已有5个农民合作社，分别是村民王维强领办的双收农民合作社、王云涛领办的玉英种植合作社、李金久领办的小凤农场合作社、王玉英领办的好郦记瓜蒌种植合作社，李象喜领办的李象喜农场。五个合作社都以农业种植为主，前三个以小麦、玉米为主，第四个以经济作物瓜蒌为主，第五个以地瓜为主。入社成员以收取地租的形式参与合作社分红，每亩地租金为800~1000元。另外，由于合作社需要雇用村民进行农业生产，进而解决了本村及周边村庄的部分闲余劳动力就业问题。特别是合作社按天计算报酬这一相对灵活的工作方式，十分适合一些为了照顾家庭不便外出打工的农村妇女。通过在合作社的工作，她们不仅获得了收入，而且增强了社会参与感与生活自信心。

第四节 贫困群众——精准脱贫的主力军

贫困群众是开展精准扶贫工作的最主要对象，也是脱贫致富的主体。根据前文对王井村贫困类型与致贫因素的分析可以得知，脱贫之前王井村的贫困类型主要为制度供给不足型贫困、区域发展障碍型贫困与可行能力不足型贫困。除了夏津县整体经济较为落后、自然灾害频发等客观致贫原因外，还有一些贫困户个人原因。2015年底王井村68户贫困户中，疾病、年老、残疾是最主要的致贫原因，并且三者互相关联，不少贫困户兼具其中的两项甚至三项原因。

表4-2　2015年底王井村村贫困户户主概况（共68户）

性别	男	72.1%	年龄	40岁及以下	5.9%
	女	27.9%		41~60岁	25.0%
最主要致贫原因	因老	19.1%		61~80岁	55.9%
	因病	63.2%		81岁及以上	13.2%
	因残	10.3%	文化程度	文盲	27.9%
	因学	2.9%		小学	44.1%
	无耕地	1.5%		初中	25.0%
	思想落后、好吃懒做	2.9%		高中、中专或职高技校	2.9%

王井村贫困户的特征决定了其参与精准扶贫的方式。具体而言，王井村的贫困户年龄普遍较大，因病致贫占比最高，这些贫困群众，单纯依靠自身能力很难实现脱贫，基本上是"无业可扶，无力脱贫"，必须依靠社会保障兜底。2016年，全村纳入低保系统共50人，每人每年可领取1728元补助。[①] 村中享受五保供养2人，其中1人在

---

① 截至2016年底山东省农村低保标准已按计划全部达到国家扶贫线（农民年人均纯收入2855元），由于发放至贫困户的低保补助金额为全省的低保标准线减去其已有收入，因此夏津县王井村低保户领取的低保补助数额均低于省农村低保标准数额。

家分散供养，每年领取 3600 元补助，1 人被送往镇敬老院集中供养。除此之外，村中超过 60 岁的老人每年可领取 1200 元的生活补助，残疾村民根据残疾程度每年可领取 960 元或者 1920 元的残疾人补助。这些补助为解决贫困人口的生计问题提供了重要保障。切实享受到社会保障福利的村民参保意识逐渐提高，全村参加新型合作医疗的家庭有 434 户，参保率高达 89.6%；参加社会养老保险的家庭有 220 户，参保率为 45.1%；未参加社会养老保险的人员主要为暂不考虑养老问题准备等到 45 岁后再交养老金的年轻人以及在外地经商工作参加了当地养老保险的村民。

精准扶贫开展之后，贫困群众参与精准扶贫的方式主要有两种：一是尚有劳动能力的贫困户直接参与老榆木加工、合作社种植等扶贫项目，通过付出劳动直接获取报酬；二是丧失劳动能力的贫困户通过向种植大户出租土地赚取租金。另外，村扶贫资金入股扶贫项目后的分红也是贫困户的收入来源之一。总之，尽管参与形式不一，贫困群众既是脱贫工作的最主要参与者也是最直接受益者。这种受益不只是经济收入的提高，还包括精神面貌的改变。原先由于家庭原因不便外出打工，在当地无业可就的贫困群众，因为精准扶贫项目的开展，在家门口就可以实现就业，在增加收入的同时还能有更多的时间兼顾家庭。同时，年老、多病的贫困户由于扶贫项目分红与社会保障福利，减轻了家庭经济负担。精准扶贫不仅增加了贫困群众的收入，而且增强了贫困群众的生活信心，促进了家庭的和睦与村庄的和谐。

第五节　小结

"人心齐，泰山移"，脱贫致富不能单靠贫困户自己的力量，需要动员和凝聚各方力量。第一书记作为带有众多资源的外来帮扶力量，为新农村建设注入了新的活力。村"两委"作为具有多年工作经验的基层组织，相比外来的第一书记有着更深的群众基础与工作优势。只有第一书记与村"两委"通力合作、各取其长、各尽其责，村里的精准扶贫工作才会有一个正确明朗的努力方向。笔者通过对王井村第一书记与村"两委"的调研，发现在精准扶贫中两者遇事共商共议、充分沟通，互相尊重对方意见，提高了工作效率、增强了成效。

与此同时，党和政府虽然有责任帮助贫困群众脱贫致富，但是激发贫困群众的内生动力才是精准扶贫的工作关键。随着脱贫工作的开展，贫困人口逐渐减少，王井村最后一批贫困群众以残疾人、孤寡老人、长期患病者为主，呈现出"无业可扶、无力脱贫"的特点。因此村中扶贫项目，无论是传统老榆木加工产业的升级改造，还是新引入的瓜蒌种植项目、蔬菜大棚项目，往往都由村中的能人、大户先行先试，贫困户通过集体扶贫资金入股分红、出租土地或者打工的形式获得经济收益。正是得益于贫困户流转出的土地，村中的能人大户才能扩大种植规模，实现集中管理，提高农业生产效率。因此，在王井村的精准扶贫工作中无论是领导干部与村民群众，还是第一书记与村"两委"、能人大户与贫困户，都相辅相成，缺一不可。王井村的脱贫成绩是多方协作，共同努力的成果。

第五章

结论与建议

山东省夏津县王井村2014年属山东省省定贫困村，贫困类型主要属于制度供给不足型贫困、区域发展障碍型贫困与可行能力不足型贫困。王井村贫困户致贫原因既有夏津县经济整体较为落后、自然灾害频发影响农业生产等客观因素，也有贫困户个人主观因素，其中年老、疾病、残疾是最主要的致贫原因。根据对王井村村民的入户调查结果，王井村贫困户的温饱与住房早不成问题，主要是生活质量有待提高，特别是上学、医疗、养老方面需要更多的保障。2015年精准扶贫开展以后，王井村利用两年时间，抓党建促生产，通过建设和引入家具厂、瓜蒌种植、蔬菜大棚等扶贫项目，激发群众内在发展活力，全村人均年收入当年即得到了明显提高，2016年提前实现了全村整体脱贫的扶贫目标。与此同时，王井村土地流转逐步推进，规模效应逐渐显现；村容村貌明显改观，人居环境日益美化；村民精神生活丰富多彩，形成了齐心致富奔小康的良好局面。在对王井村精准扶贫工作历程进行研究的基础上，本书将总结其扶贫脱贫工作中的经验，指出其面临的问题与困难，以期为仍未脱贫农村的扶贫开发工作提供思路与启发，为王井村未来发展提出参考性意见与建议。

第一节　经验

一　坚持党的领导是做好精准扶贫工作的关键

党的十八届五中全会从实现全面建成小康社会奋斗目标出发，明确提出到2020年实现中国现行标准下农村贫困人口脱贫，贫困县全部摘帽，解决区域性整体贫困。2015年11月召开的中央扶贫开发工作会议上，习近平总书记强调："消除贫困，改善民生，逐步实现共同富裕，是社会主义的本质要求，是我们党的重要使命"。正是由于党中央对精准扶贫工作的高度重视，各项利民为民的扶贫政策才会被制定出来并得以贯彻实行。党中央对精准扶贫最直接有效的领导方式就是从各级机关选派优秀党员干部到农村担任第一书记，直接负责派驻村庄的脱贫工作，这是贯彻落实习近平总书记关于大抓基层、推动基层建设全面进步、全面过硬和精准扶贫、精准脱贫等重要指示精神的有力举措。

具体到王井村的精准扶贫工作，2016年王井村能够摘掉省定贫困村的帽子直接受益于第一书记王阳春两年多的驻村扶贫工作。第一书记的驻村工作目标是抓党建、促脱贫。只有党支部的力量得到加强，党的方针政策才能依靠基层党组织贯彻落实到田间地头。王阳春任王井村第一书记期间，通过开展"三严三实""两学一做"学习教育，宣传党中央关于开展扶贫工作的部署、要求、目标、举措，共培养后备干部3名，培养预备党员2名，培养入党积极分子3名，召开党员代表大会12次、村民代表大会12次。王井村党支部的力量得到加强后，党员特别是村中的老党员积极响应并支持村中各项扶贫工作，为广大群众起到了重要的模范带头作用。2016年王井村党支部被中共夏津县委授予"先进基层党支部"荣誉称号。笔者在调研过程中多次听到受访群众特别是脱贫群众赞叹："还是党的政策好，赶上了好时候！"这些朴实的话语正是对党的领导的认可与肯定。

二 依靠群众，发动群众，全心全意为人民群众服务

习近平总书记多次强调，脱贫攻坚工作要实打实干，一切工作都要落实到为贫困群众解决实际问题上，切实防止形式主义，不能搞花拳绣腿，不能搞繁文缛节，不能做表面文章。扶贫工作本身就是为了解决贫困群众的问题，

因此体察民情、了解民意、急群众之所急、想群众之所想至关重要。在选择脱贫项目时，有些贫困村选择了相对简单易行的光伏发电项目，在贫困户家中屋顶上铺上几块太阳能板就算完成了工作，但是王井村第一书记和村"两委"考虑到王井村光照时间不能充分满足光伏发电需求，同时光伏发电所带来的效益即便能实现贫困户的脱贫，也无法使其致富，最终还是选择了更有难度更具风险的产业脱贫之路。为了让大家了解并且参与这些扶贫项目，第一书记和村"两委"走访每家每户，讲政策做宣传，借助村中党员干部力量，重点培养村中有文化、有技术、有强烈致富愿望的村民，充分发动群众，从而创造了扶贫项目顺利开展、群众广泛参与的良好局面。

三 因地制宜选择扶贫项目，因人而异选择扶贫方式

精准扶贫重在"精准"，具体包括扶持对象精准、项目安排精准、资金使用精准、措施到户精准、因村派人（第一书记）精准、脱贫成效精准。王井村在扶贫项目的选择上，充分考虑了当地情况。首先，从已有生产基础的木器制造加工项目入手，在原有基础上做大做强，努力打造并形成自己的品牌。其次，选择经济附加值高且符合当地土壤气候条件的瓜蒌种植项目。最后，充分借鉴寿光蔬菜种植经验与技术，选择市场潜力较好的大棚蔬菜种植项目。在扶贫方式的选择上，对于有劳动能力的贫困户，通过发展生产、解决就业来带动其脱贫致富；

对于丧失劳动能力的贫困户，则通过土地流转，扶贫资金入股、贫困户参与分红，社会保障兜底、公益力量救助等多种形式帮助其脱贫，从而实现了"一个都不能少"的脱贫任务。

四 培养致富带头人发展生产，与贫困群众共享发展成果

农村的精准扶贫工作中，致富带头人至关重要。王井村村民中本来就有少数通过自身发展已经致富的村民，精准扶贫工作开展之后，第一书记与村"两委"结合致富大户的实际情况，选拔出业务能力强、思想品德高的大户重点培养，为其提供技术、资金、政策支持，建成了宏榆堂家具厂、瓜蒌种植合作社、温室蔬菜大棚。租用无劳动能力贫困户的土地，为有劳动能力的贫困户就业创造岗位，进而实现贫困群众共享扶贫项目收益的目标。

五 整合资源，多渠道合力推进脱贫工作

除了利用本村的土地、人力、技术等资源，王井村精准扶贫工作中还充分利用了多种外部社会资源。比如第一书记王阳春利用所在单位以及个人的资源优势，组织山东省社会科学院机关党委、工会为王井村的小学捐赠教育物资，协助贫困大学生办理助学贷款，联系山东省残联捐资救助耳聋贫困户，动员山东省江苏商会为王井村贫困户捐

资捐物并结成帮扶对子。同时，对于上级有关部门的各种扶贫款项与项目密切关注，积极申报争取。100万元蔬菜大棚建设项目资金就是在第一书记与村"两委"高度重视下，经过充分论证准备，最终在全市多个申报项目中脱颖而出争取来的。

第二节　面临的困难与问题

一　第一书记驻村工作结束后，扶贫项目能否持续有效运转

2017年4月，王阳春结束王井村第一书记的驻村工作，重新回到山东省社会科学院工作。王井村精准扶贫工作中，王阳春发挥的个人作用极大，大部分的扶贫项目以及资源都是由其牵头联系、负责、争取的，因此，在第一书记离开后，王井村如何巩固已有扶贫成果，保证已有项目顺利开展成为其面临的一大问题。为了解决这一问题，驻村期间王阳春就有目的地通过培养年轻党员、让致富带头人进"村班子"等形式确保扶贫政策的连续性与稳定性。根据2017年6月笔者的调研情况，王井村各项扶贫项目仍在继续进行，但是由于村民思想认识与能力水平的局限，继续扩大蔬菜大棚规模的设想实现难度较大。

二　村中老龄化现象严重，村民整体思想认识相对保守落后

由于城镇化和年轻人多外出打工就业，王井村老龄化现象较为严重，从此次随机抽样接受调查的受访者中超过六成的人在60岁以上就可见一斑。村"两委"成员整体年龄也偏大，大部分成员年龄在60岁左右。再加上教育水平落后，王井村村民的整体思想认识还是相对保守落后的，容易墨守成规，不敢尝试新鲜事物。尽管小麦、玉米的种植收益很低，但不少村民认为祖祖辈辈都是这样种的，不愿也不敢有所改变。以蔬菜大棚为例，同等条件的蔬菜大棚在寿光一年租金几万块都供不应求，在王井村租金仅为15000元，却鲜有人问津。无论是瓜蒌种植，还是蔬菜大棚，只有在形成一定规模的前提下，才能有更好的经济效益，但是从王井村目前的实际状况来看，进一步扩大规模面临着一定的难度。

三　因病返贫风险较高，特殊人群需要重点关注

疾病是王井村贫困群众的一大致贫原因，虽然从人均收入来看，王井村已经实现了整体脱贫，但是脱贫群众所面临的疾病困扰并没有减少。特别是像一些大病重病，由于医疗报销额度有限，自费承担部分也足以拖垮一个家庭。目前为了避免产生矛盾，王井村扶贫资金的集体收益都以均分的形式发放给所有贫困户，这样虽然保证了相对公平，但是贫困程度较重家庭所能分到的部分相对有限，

不利于其脱贫成果的巩固。为了防止返贫现象的出现，对于村中困难程度较大家庭应该给予更多的关注与支持，除了落实各种常规补助政策外，还应该适当地给予一定的政策倾斜与关照，降低其因病返贫的概率。

四 社会保障力度有限，家庭医疗、养老负担较重

虽然新农合与农村养老保险已经逐渐普及，但是家庭承担的医疗与养老负担依旧比较重。疾病、年老、残疾是王井村贫困户三大主要致贫原因。由于新农合只能报销住院部分的费用，门诊看病费用不予报销，王井村卫生室又不具备住院资格，因此有些行动不便或者年事已高的村民只能选择在王井村卫生室自费治疗。即便去夏津县医院住院治疗，自费额度对于贫困家庭而言依旧是个不小的数目，甚至有些当地无法救治的疾病，需要转院至外地，在医疗费用之外还增加了车旅费与住宿费等开支。

养老方面，通过调查可以得知家庭养老是王井村村民最主要的养老方式，虽然目前王井村年过60岁的老人每人每月可领取100元的养老金，但对于家庭养老经济负担的减轻作用有限。同时，与现在大多数村民家中两位老人由多位子女轮流养老的形势不同，将来随着城镇化的继续推进，越来越多的年轻人离开家乡前往外地打工就业，再加之受此前独生子女政策影响，依托家庭进行养老的方式会越来越艰难，如何妥善解决这些问题，是王井村以及中国许多农村将来普遍面临的困境。

第三节　意见与建议

一　加强政府部门对扶贫工作的引导支持，发挥部门联动作用

精准扶贫作为一项利民惠民的民生工程，政府有关部门应该高度重视，多给予引导与支持。调研发现，当地不少政府部门对于精准扶贫工作重视的方式就是检查，最大的投入也是检查，而为了应对各种检查，基层干部把大量时间和精力耗在表格填写上，尤其有些表格设计复杂、项目繁多，再加之不少贫困户文化程度较低甚至是文盲，亲自填报存在很大困难，需要基层干部花费很大精力去协助填写和核对。做好精准扶贫工作的督查工作固然重要，但是政府部门应将更多的精力投放在切实解决群众困难与问题上，比如王井村所在的夏津县在指导当地农业生产、加强农民就业培训方面还有很大提升空间。同时，扶贫工作作为一项系统性工程，涉及政治、经济、社会、文化、生态等方方面面，因此多个政府部门都与精准扶贫有着密切关系。王井村在精准扶贫过程中，申请到了多个部门的扶贫资金，但是由于这些部门之间缺乏联动，扶贫资金多被分割使用，降低了使用效益。扶贫开发领导小组办公室应该协调好这些部门机构，争取部门联动，进而使得扶贫效益最大化。

二 加强村"两委"领导班子建设,加大对村扶贫资金使用的监督力度

王井村村"两委"在王井村的精准扶贫工作中发挥了重要的领导作用,但由于成员整体年龄较大,在其退休后,为了继续保持村"两委"特别是党支部的领导力,保证扶贫项目持续稳定发展,需要提前培养年轻人,使他们尽早加入村班子的建设,参加村中事务的管理。除此之外,扶贫项目的推进与发展离不开扶贫资金的支持,要保证各项扶贫资金用到实处,加强对扶贫资金使用的监督至关重要。除了政府部门的各项检查,要充分发动群众的力量进行监督,从而确保扶贫资金使用的透明与有效。

三 扩大原有扶贫项目规模,延伸产业链条,优化产业结构

王井村扶贫项目中,除家具加工产业形成了一定的规模外,瓜蒌种植项目与蔬菜大棚项目规模还相对较小。虽然在第一书记驻村期间,利用精准扶贫政策优势,与签约公司签订了保护价回收协议,但是精准扶贫工作结束后,签约公司是否还能以保护价对瓜蒌与蔬菜进行回收,不得而知。回收模式虽然保证了市场销路,但是价格有时低于市场价格,农民为了卖个好价钱,需要自找销路。由于目前瓜蒌与蔬菜种植规模还比较小,很少有公司愿意主动上门收购,即便上门,往往给的价格也比较低,导致种植户处于被动状态,因此扩大种植规模,产生规模效益变得至

关重要。规模效益产生之后，时机成熟时，还应该延伸产业链条，优化产业结构，增加产品附加值。以宏榆堂家具厂为例，由于设备、水平等限制，一套白茬成品家具卖给知名家具厂商并经其机械化喷漆等精加工后，市场价格就能翻一番甚至更多。同样，延伸产业链条在瓜蒌种植项目中也十分必要，目前，瓜蒌种植户多通过出售瓜蒌籽儿盈利，收益相对有限，未来若能将瓜蒌籽儿做成休闲食品，瓜蒌叶做成茶叶饮品，瓜蒌根加工成中药材天花粉成品出售，经济附加值将大幅提升。

四 做好群众的健康宣传工作，全面提高其对脱贫致富的思想认识

受生活习惯、卫生环境、家族遗传、文化教育水平、劳动强度、医疗条件等多种因素的影响，王井村村民的健康状况整体上存有一定问题，因病致贫现象突出。比如，当地人高盐喜咸的饮食习惯给其心脑血管带来了极大的健康隐患，但村民对于高盐饮食的危害了解甚少，有所了解的也不够重视，再加之当地还保留着体态肥胖代表着福气与富贵的看法，不少村民由于肥胖而患上"三高富贵病"，却不以为意。当地卫生部门应该通过宣讲、海报、电视讲座等多种形式向广大村民普及健康饮食的内容与保持良好生活习惯的重要性。另外，笔者在调研中发现，在粉尘较多的纺纱厂、家具厂工作的村民，几乎无人佩戴口罩，如何降低以及规避环境污染与职业危害，加强自身保护等知

识也需要进一步普及。在提高村民身体素质的同时，提升村民对脱贫致富的思想认识高度也至关重要。目前王井村部分群众"等、靠、要"思想明显，有些群众勤劳能干但是思想僵化，只敢种小麦、玉米，不敢尝试新鲜事物，参与生产的积极性、主动性、创造性有待进一步激发。只有激发出群众的自我发展能力与内在活力，脱贫成果才能够得到彻底巩固。

五　加大农村教师队伍建设力度，提高中职教育质量与水平

教育是实现社会公平的基础，只有让贫困家庭子女接受教育，才能从源头上阻断贫困代际传递。虽然贫困户子女结束九年义务教育之后直接务工赚钱是快速脱贫的方法之一，但是劳动力素质偏低最终不仅阻碍个人的上升空间，也不利于社会经济的结构转型与长远发展。九年义务教育在王井村已经基本上实现了全覆盖，绝大部分家长愿意支持孩子读完初中，但是笔者在调研中也发现，村里的小学以及附近中学的老师年龄普遍较大，年轻教师比例较小。虽然近几年夏津县乡村教师的工资待遇较前些年有明显提高，但是愿意来农村教书的年轻老师还是很少，当地义务教育存在着教师队伍知识储备相对落后、人才梯队建设不够健全、人员活力有所不足的问题。除此之外，由于夏津县只有一所高中，入学竞争十分激烈，大部分农村学生在初中毕业后不得不走向社会。随着近几年中职免费教育的普及，初中毕业后接受中职教育的学生越来越多，但

是这些领取了国家教育补贴资助的中职学校办学水平参差不齐，不少学校对学生教育和管理比较松散，学生就读期间能学到的专业知识和技能有限，对实际就业往往帮助不大，一定程度上造成了教育资源以及人力资源的浪费。因此，在义务教育方面要加大农村教师队伍建设力度，特别是需要加大年轻教师的招聘引进力度，提高农村教师工资待遇与社会地位，改善其工作生活环境，推动城乡教师合理流动。中职教育方面要加强中职学校办学条件与资格的审查，规范其课程设置，提高其教育质量，以确保学生学有所成。

六　提高农村医疗服务水平，加快农村养老设施建设

教育、医疗、养老往往是一个家庭需要面临的三大主要问题。义务教育极大地缓解了教育对农村家庭特别是贫困家庭的压力。随着新农合与农村养老保险的推行，农民的医疗与养老环境有所改善，但是仍有很大提升空间。医疗方面，建议加快分级诊疗制度建设，特别是对于实在不便于去县城医院住院治疗，只能在村卫生室或者家中治疗的群众，应考虑在政策层面适当倾斜，为其报销一部分医药费，以减轻其家庭负担。同时，以村中已有医务室为平台，加强对村民的健康卫生宣传，在村中开展一些医疗卫生和健康知识的科普讲座，提高村民的健康意识，防病于未然。养老方面，随着村中老人越来越多，再加之有些老人的子女平时不在村中生活，建议通过福利保障与个人支

付相结合的方式，建设老年餐桌，解决老人特别是孤寡老人做饭难吃饭难问题。除此之外，在老龄化与城镇化背景下，在居家养老基础上，统筹资金，借助多方合力，建设具有医疗、养老综合功能的养老院，实现村中老人的集中供养，应是王井村未来养老趋势。

七 调整思路，整合资源，全村共同致富奔小康

王井村实现整体脱贫之后，下一个目标就是全村共同致富奔小康。无论是村"两委"还是村民，都要继续调整思路，利用一切可以利用的资源，助力自身发展。与附近几个村庄相比，王井村具备相当明显的人力资源优势，大学毕业留在外地工作的人员、外出经商务工人员、村中开办企业的人员以及种植大户中均有不少"能人"，他们在各自的领域里取得了一定的成绩，应该充分利用好这些当地现有的人力资源优势，动员其为家乡建设建言献策、出资出力。除此之外，还应该充分利用各类市场主体、社会组织以及社会各界力量，形成强大合力，通过以富带贫、以强扶弱、以先进促后进的方式，带动群众共同致富奔小康。

附 录

附录一 王井村第一书记王阳春的访谈记录

访问者： 张姗（下文简称张）[①]

受访者： 王阳春（下文简称王）

访谈时间： 2017年5月6日

1. 张：驻村之前，您所在的工作单位以及职务？

王：我的工作单位是山东省社会科学院，我当时的职务是机关党委副书记兼外事办公室主任。

2. 张：您是通过何种途径被选派为王井村的第一书记？与您同时来夏津挂职的第一书记共有几人，他们分别在何处挂职？

王：当时的选拔程序是个人申请、单位选拔推荐、省委组织部批准同意。和我一起来夏津县南城镇挂职的还有山东省社会科学院的两名同事，他们分别在大殷庄村、小殷庄村做驻村第一书记。南城镇省定重点扶贫村一共10个，省派第一书记只有王井村、大殷庄村、小殷庄村3个村，其他7个村是德州市选派的第一书记。当时全省一共派出了608位驻村第一书记。

3. 张：您任职第一书记开始、结束于什么时间？其间，是否与原单位完全脱产？组织上对于您平时的驻村时间是否有要求？是否有过相关培训？

[①] 在访谈过程中，除了提出问题，访问者还多次与受访者互动回应。为突出主题以及保持受访者回答内容的完整性，访问者中间穿插的话语就不再一一列出。

王：我任职第一书记的时间是2015年2月到2017年4月，与原单位完全脱产的，全职负责王井村的扶贫工作。在驻村时间方面，组织上要求每个月不可低于20天。我们驻村开始之前，统一由省委组织部培训，培训时间为10天，主要包括党性教育、政策法规学习、专题辅导、案例教学、互动交流等内容。

4.张：组织上为第一书记制定的目标、要求，以及所提供的帮助有哪些？

王：省委组织部对于第一书记的工作目标制定得很明确，具体包括道路畅通、电力保障、饮水安全和农田基本建设、乡村旅游扶贫、危房改造和农村垃圾处理、社会保障、教育扶贫，文化体育建设、贫困村信息化、卫生和计划生育、生态环境等内容。

对于驻村第一书记，省委组织部、省财政厅、省扶贫办协调行业部门按照帮扶目标要求，给予扶贫资金支持，每年支持项目资金30万元，两年总计60万元。除此之外，我还为王井村申请到"一事一议"奖补资金40万元、整村推进资金100万元，以及一些行业部门资金。挂职期间，王井村累积获得省行业主管部门下拨扶贫项目建设资金总计467.5万元。

5.张：省派第一书记们可以通过哪些平台加强交流？

王：省派第一书记QQ群、微信群、中共山东省委组织部"灯塔-党建在线"第一书记专栏。

6.张：您进驻王井村时，村贫困户的基本情况是怎样的？当时是否已经开始实行建档立卡工作？

王：我进驻王井村时，王井村总共有504户人家1565人，贫困户是186户628人。经过一年的发展，2015年底建档立卡回头看活动展开后，王井村共有贫困户68户186人。当时所有贫困户都是建档立卡户。

7. 张：您进驻王井村后，认为本村最应该解决的问题有哪些？

王：进驻王井村之后，我个人感觉急需解决的问题有三个：第一是提高村民的发展意识，当时王井村村"两委"成员以及老百姓的思想比较保守僵化，在脱贫和发家致富方面的认识与能力都比较落后；第二是王井村的农田水利建设基础薄弱，特别是农田灌溉和水电方面，极大限制了农业生产，需要加强保障；第三是在充分调研的基础上，选准脱贫致富产业项目。

8. 张：王井村的扶贫项目主要包括哪些内容？您是如何选择确定这些项目的？是否考虑过不少村庄选择的光伏发电项目？

王：扶贫项目主要有老榆木加工、瓜蒌种植、冬暖式大棚。为实现上级关于精准扶贫的要求，根据省、市、县各级关于资金管理规定，结合王井村的现状，我和村"两委"经多方面考察论证，组织党支部会议、支部党员大会和村民代表大会讨论决定发展榆木家具加工项目、特色种植项目（瓜蒌）和冬暖式大棚项目。王井村农民有木业加工项目渊源，20世纪80年代就有一部分人搞木业加工，农村剩余劳动力资源充足，工资价格低。发展木业加工对广大村民来说很容易接受，是受欢迎的致富项目。农民有脱贫致富的强烈要求，对发展木业加工项目、特色种植项目（瓜蒌种植）的积极性非常高，渴望形成产业发展规模。应该说，王井村木业加工企业为农民增收奠定了产业基础。除此之外，2015年推广瓜蒌种植120亩，2016年新建冬暖式大棚7个。当时也考虑过光伏发电，但我个人感觉投入高、见效慢，发展后劲不足，就没有选择。

9. 张：王井村扶贫项目进展顺利吗，贫困户平均年收入有哪些变化？

王：王井村扶贫项目进展比较顺利，项目当年就见到了成效。贫困户收入方面，2014年全村人均收入4500元，2016年全村人均收入已经升至7600元。贫困户人均收入都超过3402元贫困标准线，在我任职结束时，贫困户已经全部脱贫。

10. 张：您认为这些扶贫项目进展中遇到的最大困难是什么？您是如何解决的？

王：最大的困难还是扶贫资金少、投入不足、缺口比较大。其次是部门资金整合比较难。部门帮扶资金少，整合到一起集中起来可以办上一件事，但受部门资金使用规定的限制，不好整合。最后是群众自我发展能力比较弱。我们当时主要采取了众筹、入股、金融扶贫贴息贷款，以及企业、合作社、种植大户的带动等多种方式努力解决这些困难。

11. 张：王井村村"两委"在扶贫工作中所发挥的作用如何？

王：整体来说，在王井村的村扶贫工作中，村"两委"发挥的作用还是比较大的,比较积极地推进和带动村里的扶贫工作。

12. 张:王井村扶贫工作中,给您印象最深的人和事情有哪些?

王:在王井村的扶贫工作中,给我印象最深的是村民朴实,特别是老百姓对我这个第一书记的期望值很高,很信任我。村中老党员的带头作用发挥得也比较好,对我的工作非常支持。挂职期间,比较感人的事情很多,数不胜数,由于时间关系,我不一一说了,之后我会将我的期满工作总结发给你。

13. 张:您结束挂职时,王井村的脱贫工作是否已经全部完成?由什么部门对您的挂职工作进行考核?考核的内容包括哪些?

王:挂职结束时,王井村已经实现全部脱贫。对于我们的考核工作是由省委组织部进行的,考核的依据是省委办公厅、省政府办公厅《关于贯彻落实中办发〔2013〕25号文件创新机制扎实推进农村扶贫开发工作的实施意见》(鲁办发〔2014〕37号)中对农村扶贫开发工作做出的各项要求。

14. 张:您挂职期间,有为王井村制定一些规章制度吗?

王:在王井村挂职期间,我们只是制定了一些乡规民约,没有制定规章制度。因为制度方面,关于村里扶贫工作,上级各部门的制度已经出台得非常明确,内容也很具体,可操作性都很强,但往往在农村基层得不到落实或者落实不到位,进而影响了扶贫工作的整体推进。我们的工作重点还是抓好已有的各项制度的落实。

15. 张：您认为王井村的扶贫工作还有哪些需要继续改进和强化的地方？

王：第一，需要上级部门进一步完善对王井村的扶贫支持，促进相关扶贫措施落到实处。第二，需要分类指导，坚持精准扶贫，要把扶贫项目产生的效益切实落实到贫困户的头上。王井村这两年各项扶贫项目的成效已经显现出来，而且形成了一定的规模效应，村"两委"及乡镇干部一定要抓好这些项目的后期管理，让贫困户从中真正受益。

16. 张：您对王井村未来的发展有哪些建议与意见？

王：对于王井村未来的发展建议，我觉得最重要的还是要抓好村集体领导班子的队伍建设，发挥好村"两委"和两支队伍的作用，要有人管事，要有章理事，利用这些扶贫项目的经济效益，给老百姓办些实事，也就是所谓的"有钱之后要办事"。村干部要发挥领头羊的模范带头作用，切实关心群众，从长远发展的角度开展村中各项工作，为老百姓多办事，办实事。

17. 张：对于您个人而言，您挂职的收获、感悟有哪些？

王：对我个人而言，应该说这次挂职的收获还是很大的，有不少感悟。首先，最大的收获就是锻炼了自己，以前我一直在机关部门工作，虽然说对农村基层的工作有所了解，但确实不是很深入。通过这两年深入基层，在第一线开展工作，我对于农村的情况有了进一步的深入了解。这个收获应该说非常大，对我日后的工作也会有很大的帮助。其次，作为一名党员干部，在基层我切实感受到了老百姓对我们的殷切希望，面对这么高的期望和要求，我感觉必须扑下身子为老百姓干一点儿实事。最后，这两年的扶贫工作，取得了一些成绩，切实提高了老百姓的生活水平，特别是提高了贫困户的生活质量，这让我感到欣慰。同时，由于扶贫工作的成绩，我受到了省一级的表彰，通过媒体的采访报道，我们的扶贫做法也得到了宣传与推广。这些对我工作的认可，让我对于这两年的基层工作也有了一定的成就感。

感悟方面，我谈三点。第一，必须要统一思想，提高认识，特别是村"两委"班子成员以及党员干部，对扶贫工作，一定要有一个高度的认识，要心往一处想，劲往一处使。第二，要及时汇报，寻求上级的支持，无论是政治上的支持还是资金上的支持，这一点非常重要。第三，要了解民情，体察民意，知道老百姓在干什么、在想什么、需要什么。作为基层干部，虽然我们"没钱没权"，但是在带动老百姓发家致富方面，还有很多工作可以去做，有很大的空间去发挥自己的主观能动性，最关键的是要树立好全心全意为人民为老百姓服务的意识。

18. 张：对于第一书记驻村制度以及王井村的扶贫工作，除了以上问题，您还有什么想要补充的吗？

王：暂时没有补充了，非常感谢你能对王井村的扶贫脱贫工作进行研究，如果还需要了解哪些具体的情况，随时都可以来找我。

张：谢谢您的支持！

附录二　王井村村委会文书李金瑜的访谈记录

访问者：张姗（下文简称张）①

受访者：李金瑜（下文简称李）

访谈时间：2017年6月20日、2017年6月21日

1. 张：李大爷，谢谢您接受我的访问。首先，请您介绍一下咱们村庄的基本情况，历史发展过程中的大事记、近五年来的发展变化，可以吗？②

李：王井村现有人口504户1565人，耕地2283亩，农作物以小麦、玉米为主，有传统产业榆木加工等。2015年有贫困户186户628人，经过一年的精准扶贫工作，2015年底建档立卡"回头看"活动后，认定贫困户68户186人，2016年底这些人已经全部脱贫。

大事记方面，王井村是1947年解放的，新中国成立后和全国其他农村一样进入合作社阶段。1954年村民王廷鲁组建了第一个互助组，1958年村里成立了人民公社。1959年，我们村就出了第一个大学生李全禄，当时考入的是北京工业学院，后来一直在湖北襄阳工作，现在已经去世了。1980年开始分地，农民每家每户都分到了土地。

---

① 为了还原访谈原貌，笔者按照当时的内容如实进行了记录。其中一些年份日期具体数字等，与政府部门提供的资料有出入，报告正文中采用的是多方核对后的结果，访谈中采用的是访谈人所说内容，故前后有所出入，特此说明。

② 访谈过程中，除了提问问题，访问者还多次与受访者互动回应。为突出主题以及保持受访者回答内容的完整性，访问者中间穿插的话语就不再一一列出。

在我们夏津,有种植棉花的传统和技术,所以分到地之后,大家主要还是种植棉花。1996年6月,我们村修了一条柏油路,这也是当时栾庄乡里的第一条柏油路。1994年5月,村中装上了自来水。2006年,我们又打了一口新井,水质比自来水好,成为全村村民饮水的新水源。我们把井水连上自来水管道,使用起来非常方便。2013年,村内水泥硬化路3800米全部改造完,村内路灯安装完成。2015年农田水电设施改造,新安装了三台变压器。2016年修建了王井社区党政服务中心办公楼,两个文化广场和一个村民活动公园。

五年来,我们全村人均收入每年增长10%左右,2012年是4500元,2016年是7600元,最低收入者年收入也超过了山东省3402元的省定贫困线,实现了全村整体脱贫。

2. 张:这些年王井村经济发展情况是什么样子的呢?

李:新中国成立后,村里的主要经济行业有农业、手工业、商业。

农业方面,(20世纪)80年代之前村里有农业合作社,之后就没有了村集体经济。我们村一开始以棉花种植为主,现在以小麦、玉米为主,转折是2010年,因为棉花价格持续下跌。

手工业方面,王井村有木器加工传统,1984年村子里就有一个木器加工厂,1987年这个厂子成为栾庄乡的乡镇企业。1990年合并乡镇的时候,厂子散掉了,木匠们各自回家,大概有20人。这些木匠回家种地后也还是会接一些木工活做,做得大些的就办了家庭小作坊。最早的是

1994年王红军家的，也就是现在宏榆堂家居公司的前身。这些作坊最早都是以工艺品制作为主，2014年以后逐渐开始进行榆木家具的加工。由于市场销路不错，利润也挺好，村里做家具的工厂从1家发展成9家，其中最大的就是王红军家的。精准扶贫开展之后，第一书记动员他和卢罡红木、村委会三方投资，成立了宏榆堂古典家居有限公司，扩大了规模，也带动了不少贫困户就业。

商业方面，因为夏津是个产棉大县，所以在咱们这里有很多棉纺厂。1990年，我们村有了第一家棉纺厂，2004年南城镇成立之后村里又建了两家，2010年又建了三家，共6家，都是个人合资经营。这两年由于棉花价格太低，种植棉花的人也少了，国储棉也不再收了，棉纺厂的效益赶不上之前，有两家不干了，剩下的4家用的也主要是新疆棉花或者进口的棉花，不是本地棉花，因为人家比我们本地棉花便宜。这几家棉纺厂解决本村和周边村庄200个劳动力就业。另外，我们村还有一家养猪场和一家养鸡场，养鸡场是1994年开始办的，养猪场是2009年由养鸡场改建来的。

我们村1990年左右开始陆续有人外出经商、打工。经商的主要从事香油、小商品、小杂粮批发，有不少是亲戚朋友先出去的，一看人家在外面做得不错，日子过得越来越好，就也跟着出去了。这些外出的人主要在山东东营、日照、济南，河北的霸州，有20多户100多人，户口都在家里，他们也都有土地，一般租给留在村里的亲戚朋友种或者流转给合作社。在外面的，还有就是出去读书，毕业后在外工作的人，这部分人有三四十人吧。早些年村里一年有一两个大学毕业生，这两年通过升学出去的人越来越多。

留在村里的人，50岁以下的基本上没有种地的。一般都在本村或者去县城里打零工，一年下来也能赚个两三万元，比种地强。他们的土地要么让家里的老人种，要么流转给合作社。

3. 张：现在王井村有土地流转的吗？大概是个什么情况？

李：我们村有2300亩耕地，目前有差不多1/3，800亩左右的土地租出去了。早些年种地还得交提留，种不好忙活一年，最后提留再算上化肥农药种子钱，还可能赔钱。2002年取消了提留，种地开始赚钱，慢慢地也就有租地的了。一开始一亩地一年赚二三百块钱，发展到现在，根据耕地情况的好坏，差不多一亩地一年赚800块钱左右吧。除了不收提留，自2001年，种地还有补贴。一开始一亩地13块钱，钱不多，现在已经一亩地125块钱了。不过，现在的补贴就是给种小麦的，其他作物还没有。之前种棉花也有，但是从去年（2016年）开始棉花也没有补贴了。这个补贴一般是谁种地谁领取，出租地的人领了租金，自己不种地也就不领这个补贴了，土地流转或者出租合同里，也都会事先讲好。除了这个所有人都能领的补贴，还有一项一亩地60块钱的补贴是种植大户才能领取的。对这个大户的要求，就是以50亩为最低限，以200亩为最高限，超过200亩的部分也不能再领了。2017年，村里有四个种植大户：王云涛 200 亩、李象喜 200 亩、李金久 85 亩、王维强 135 亩。

4. 张：您能介绍一下王井村村庄治理的基本情况吗？比如人员组成、"两委"交叉、人员变动、竞选和投票情况等。

李：村委会方面，基本上是三年一届，现在都是全县统一换届时间。目前王井村村委会是第十一届。现在村委会包括五个人，村委会主任王为强、文书（也就是我）、委员李金星、委员王为奇、妇女主任兼计生主任任安喜，其中王为强、我、李金星还是村党支部的成员，王为强是支部书记，李金星是纪检委员。这些人里，除了王为强是从 2011 年开始做村主任、2015 年开始做村支书外，其他几个人都有二三十年的工作经验了。比如我，1969 年 19 岁从夏津一中毕业后回到村里就开始做会计、生产队长，到现在都已经快五十年了。1969 年的高中生算得上高才生了，但是那个时候家里孩子多，种地需要人手，所以读完高中也就回家务农了。（纪检委员）李金星也是这种情况，高中毕业回家务农。最早在生产队的时候，队长什么都管，后来生产和党建分开了，大队长负责生产，支书负责党建。

关于村"两委"的选举，18 岁以上的村民都有选举权。一般都是镇上先通知，村民选举候选人，通过村民代表和村"两委"的讨论，确定候选人人选。选举的时候，先在不是候选人的村民里选几个人成立个选举委员会，负责投票、唱票，在外地不方便回村参加选举的村民可以让别人代他们投票。为了方便行动不便的村民投票，选举委员会也会将流动票箱送到他们家里。一般是先选举党支部成员，再选举村委会成员。经过唱票，村"两委"把票数超过一半的候选人名单上报南城镇党委，经他们讨论后任命。

相比城郊的那些村，我们村的村民对选举的热情不算高，一方面，村民之间的矛盾不大；另一方面，村集体资金基本上没有，说得不好听些，就是没有什么油水，不像县城边上那些村因为搬迁什么的，村"两委"有很大的权力和好处，听说他们的竞争就很激烈。村里的年轻人都外出打工了，对村委会的事情不是很关心，也不愿意留下来。你看我们村"两委"的成员就知道了，除了村支书王为强40多岁，年轻些，我们都五六十岁了。王为强之前的老支书也是因为岁数实在太大，才退休不干的。

村干部的工资方面，早些年在生产队的时候，没有什么工资，就是补助工分。2016年之前，村"两委"里能领到工资的有村支部书记、村委会主任、文书、计生主任，2016年之后，纪检委员也开始能领工资。早些年工资比较低，最近几年开始多一些。现在王为强一年能领18000，我领6000，李金星和任安喜领4000，王为奇没有工资。除了我们，老支书因为干支书超过了20年，所以现在一年也能领2000元的补助。

党建这方面，我们村差不多有50多个党员，其中老党员比较多，年轻党员主要是那些出去的大学生，他们平时也都不在村里。老党员在村里事务的处理方面，还是挺有带头模范作用的，比如我们修那个小公园的时候，好多老党员都义务劳动。他们对第一书记的精准扶贫工作也都很支持，经常去和第一书记谈心。如果能有更多年轻的党员加入组织，参与村里事务的处理，那就更好了。

5. 张：您能介绍一下咱们村主要村干部的社会经济背景、职务演变情况吗，比如说年龄、学历、日常主业、做村干部的经历等等。

李：王为强：44岁，初中学历，平时从事运输业。2011年开始做村主任，2011年7月入党，2015年开始兼任支书。

李金星：59岁，高中文凭，最开始做团支书，1976年入党，1980年任支部委员，1985年之后先后任支部书记、支部委员、村委会主任、村委会委员，2016年开始任纪检委员。2016年之前，村里没有纪检委员这项职务。

任安喜：60岁，以务农为主，从1987年开始任妇女主任、计生主任，一直到现在。早些年计划生育抓得紧的时候，计生主任负责的事情还是很多的，一年要组织两次村里育龄妇女（结婚之后到40岁左右）进行体检。现在村里年轻人少了，计生体检的任务不那么重了，她主要负责协助镇上的卫生院，组织加入新农合的60岁以上的村民参加体检，一般一年两次，分别在4月和10月。

我的情况，在前面也说了，我是1969年开始做生产队会计的，1972年1月入党，1976年负责生产队的对账，1993年开始担任村文书，就一直干到现在。除了村里的事情，我平时还是以务农为主。我有三个孩子，闺女嫁得不远，两个儿子都考学考出去，现在在济南工作。老伴儿平时都在济南帮孩子们看小孩儿，他们都让我也一起去，我一方面是在城市楼房里住不惯，另一方面也确实是村里事情太多了走不开。我在这个村干了这么多年，很熟悉村里的事情，每家每户的事情都熟悉，也有感情了，舍不得走。

6.张：在咱们村精准扶贫工作开展之前，村里生活困难群众的救助情况大概是什么样子的呢？

李：早些年的扶贫主要就是针对村里的五保户和低保户，人数比较少。五保户自生产队时代就有了，主要包括60岁以上、没有子女、没有劳动能力的人。一般是村委会上报，由县里民政部门审核认定。我们村现在有两个五保户，一个是集中供养，在镇敬老院居住；一个是分散供养，他基本上生活都能自理，不愿意去敬老院，就在咱们村家里住着，定期领取补助。2016年的补助是3600块钱，由民政局直接发放到五保户的一卡通上，一季度发一次，一次900块钱。咱们村有低保户也得十多年了，主要是生活确实困难的，包括五保户和残疾。之前补助的钱不多，一个月也就10块钱左右，那个时候我们村的低保户有6个，其中3个五保，3个重度残疾。当时大家对申报低保户也不怎么关注，一是因为给的补助钱很少，二是这几个低保户确实生活太困难。大概在1997年、1998年之后，低保户的指标开始增多，补助标准也开始逐年增加，村里关注的人也越来越多，申请的人也越来越多。我们村委会就得根据实际情况各方面考量，最后再申报人选。这个工作肯定有矛盾，因为涉及钱，每年申报的时候，我们压力也不小。根据上面的通知，一个村低保户的户数基本上是总户数的 2.5%~3%。2016 年，我们村低保户一共有 47 户 50 人，每人一年可以领取 1728 元。这个钱也由县民政部门统一发到他们的一卡通上，一个季度发一次，一次发 432 块钱。我们申报的原则还是实事求是，尽量选取生活困难的，特别是那些因病致贫致残的。

除了五保户和低保户，我们村能领取国家补助的还有残疾人和独生子女户，其中残疾人补助有两种，有单独的基础残疾人补助，一年 960 元，一般是给轻度残疾的人；还有一种是在这个基础上，增加一年 960 元的护理费补助，一般是给重度残疾、生活不能自理的家庭。独生子女补助是家里为独生子女的，父母 60 岁以后，每人每年可以领取 960 元的补助。领取这个的家庭倒不都是贫困户，只要符合政策要求都能领取。

另外，国家这几年重视养老，只要是超过 60 岁的老人，每人每年都能领到 1200 元的补助，也就是一个月 100 元的生活补助。

7. 张：王井村的扶贫工作是什么时候开始的？精准扶贫的项目主要包括哪些？

早些年的扶贫比较简单，就是逢年过节的时候，直接给钱给物。2013 年夏津县开始有第一书记，最早的是小石堂村，那个时候我们村还没有。不过我们村的扶贫工作那个时候已经开始了。2012 年，县政协就派了驻村工作组对我们进行帮扶，主要是对公共事业进行帮扶，帮我们修好了村里的水泥路，协调完成了第二次自来水改造。工作组到 2014 年 12 月就结束了工作。这个时候正好县上发通知，让贫困人口达到总人口的30%以上的村先自己申报贫困村，然后再由他们来审查认定，我们就积极申报了。后来他们也来村里审查了，认定省级贫困村之后，2015年省派第一书记王阳春就来我们村了。当时夏津县一共15个省派第一书记，其中南城镇有3个，除了我们村，大殷庄和小殷庄还各有一个。

　　第一书记来了之后先考察了一段时间，可能是他想先熟悉一下我们这里的情况，看看适合发展什么。王书记（王阳春）是个想干实事的人，附近有的村选择了省事的光伏发电作为扶贫项目，把太阳能电池板子往房顶上一铺就完了，他觉得不太合适。一是咱们这里的日照不是那么好，发电量难以保障；二是就算有收益，也很慢很低，不能从根本上解决贫困。通过对我们村的考察，他觉得种粮食赚钱太少，推荐我们种植中药材瓜蒌。可是我们谁也没见过这个东西，他就带着镇长、支书去安徽种瓜蒌的地方考察。2015年，先实验种植了一部分，大概有半亩地，效果不是很理想，因为咱不懂技术，也没有销路。王书记就又带着人去了趟安徽，这次不光学习了怎么种、怎么管，还和人家那边的瓜蒌公司签了合同，等瓜蒌成熟后，由他们回收瓜蒌籽儿、皮、根。这次他们回来后，2016年春天就发动群众，建了瓜蒌种植合作社，一共发展了120亩的瓜蒌田，其中王云涛25亩、王维强13亩、王子双28亩、王为强27亩、王传国27亩。这些土地主要是无力种植土地的贫困户流转出来的，一亩地给他们租金800~1000元。

　　对于这些种植户，村里用扶贫款给他们买了瓜蒌爬秧儿用的水泥柱子，另外每亩地补贴他们500块钱，这样他们的负担其实也就是每亩地300块钱的租金。这些种植户和安徽的瓜蒌公司签了三年的合同，对方负责回收瓜蒌籽儿、皮、根，这些都是中药材。如果他们的收购价低于市场价，种植户也可以自己销售。就这样，买了他们的瓜蒌苗儿，种植之后，对方公司派人来了三四次，进行技术指导。瓜蒌这个东西浑身都是宝，都可以卖，最主要的是卖籽儿，一公斤25块钱，瓜蒌皮也可以卖，瓜蒌根不能当年就买，得三年之后才能从地下刨出来卖。

瓜蒌一般是10月成熟，根据2016年村里瓜蒌的种植情况来看，管理还是很重要的，管理比较好的种植户一亩地可以收100多公斤瓜蒌籽儿，再加上瓜蒌皮，一亩地能收入8000多块钱，管理不好的，赶上下雨没能把瓜蒌及时收回家，有些籽儿和皮都烂了，但是即便这样，一亩地收入也有5000多块钱，比种粮食强多了。并且瓜蒌根比较值钱，三年后还能增加一笔瓜蒌根的收入。一年下来，村里不少人看到他们赚到钱了，也开始想要试试。2017年，种植瓜蒌的规模会扩大，这样最好，有了规模效益后，也才能更好地和瓜蒌公司谈条件。从头至尾，在瓜蒌种植这个项目上，一共投资了23万元的扶贫款。这些钱主要是第一书记带来的，他们每个人每年有30万元的扶贫资金，两年一共60万元。

除了瓜蒌种植，村里比较大的扶贫项目就是家具厂，一进村就能看得见那个家具厂的大牌子。最早那就是一家小作坊，老板王红军挺能干的，发展得不错，王书记来了之后，觉得既然我们村有木器加工的传统，应该好好利用。就这样，我前面也说了，2015年在他的牵头下，王红军、浙江的卢罡红木、村委会三方投资，成立了夏津宏榆堂古典家居有限公司。

村委会投资入股，用了扶贫款17万元，按照1分2的利息，一年家具厂得给村委会2万块钱的利息。我们把这两万块钱分给69户贫困户186人，人均80块钱。村委会和家具厂签了2016~2018年三年的合同，之后根据情况再进行调整。当然，这部分钱很少，对于家具厂的资金支持主要还是以扶贫贷款的形式。2016年夏津县农村信用社为家具厂提供了150万元的贴息贷款，家具厂不需要偿还利息，利息由扶贫部门通过财政返还。这个低息贷款不是谁都能申请的，第一必须是贫困村，村里有一定数量贫困户的（村）才能申报。本来我们最初设想的是让银行直接贷款给贫困户，让贫困户拿着这部分钱入股分红，但是人家银行不同意，因为贫困户偿还能力低，万一还不上人家钱呢。后来，通过我们的努力，银行同意直接把钱贷给家具厂，用于扩大家具厂的规模，进而带动贫困户就业。

招工的时候，要优先考虑贫困户。现在家具厂的工人有五六十人吧，其中木工就有27个贫困户，都是本村的。根据他们的手艺，初级木工月工资1500~2000元，技术比较好的，成手的木工能月工资5000~6000元。解决贫困户的就业问题才是让他们脱贫的关键，只靠发补助是远远不够的。这个家具厂对我们村的影响还不只这些，一些在这个家具厂打工的木匠，自己学到了技术，也清楚了门路，就出来单干了，现在全村有7家进行榆木加工的，他们的规模虽然比不上宏榆堂，但是也带动了我们村的经济发展。

除了瓜蒌种植合作社、家具厂，还有个不太成功的扶贫项目——土鸡养殖项目。建设这个项目的初衷，是扶持那些缺乏或者没有劳动力，不方便外出打工的贫困户。我们农村人都有在家养鸡的习惯，所以就寻思买来土鸡苗发给他们，让他们养在院子里，最后卖土鸡蛋。一共花了21820块钱，在德州平原县买了3200只土鸡苗和养鸡用的网子，然后把它们分给了五户贫困户。这种规模养鸡和咱之前家里养个两只三只的还不一样，由于缺乏养殖经验，有些鸡没到下蛋就死了。参考市场价，我们给土鸡蛋定价是1块钱1个，可能你们城里人觉得不贵，但是在我们这个地方，哪里有人吃这么贵的鸡蛋，一般买的鸡蛋一斤才3块钱左右。由于规模不够大，也没有人上门收鸡蛋，村里没有销路，县里也没找到合适的，最后鸡蛋也只能按照普通鸡蛋的价格卖。虽然贫困户也没赔钱，但是这个项目最后的结果和最初的想法还是有差距。想法是挺好的，说到底还是规模太小，按说现在城里人都喜欢要土鸡、土鸡蛋，特别是给老人孩子还有病人吃，但是咱们产量低，没有销售渠道，所以还是做不成。另外就是缺技术，专门养鸡也不是随便丢给它们一把吃的就行，得会养会管，并且鸡一多，容易生病，得定期打疫苗，要不然很容易传染鸡瘟。所以养鸡看上去简单，其实里面的门道也很多。

除了这些项目，王书记来了之后发现了咱们这里存在电压低浇地不方便的困难，从扶贫款里专门拿出10万块钱，又从供电公司要了18万元，总计花了28万元，在地里专门安装了4台变压器。你也看到了，我们这里最主要的就是玉米和小麦，都需要水，这两年雨水又少，需要浇地的时候，大家要挤在一起用电，原来的电吃不消，总跳闸。现在有了新变压器，需要浇地就能浇，全村人民都受益。

王书记带来的60万元扶贫资金，除了上面这些项目花的，还剩下7万多元，全部投在蔬菜大棚项目上了。当然，就这7万块钱远远不够，王书记还带着我们申请到了中央扶贫资金100万元。当时申请的时候，竞争也很激烈，经过各轮淘汰审核，最后和我们一起竞争的是庆云县的一个扶贫项目。可能还是觉得咱们这个项目好，所以把这笔钱给了我们。怎么想到的蔬菜大棚呢，这也是王书记想到的。咱这里之前没有种过蔬菜，就是有蔬菜大棚也就是那种简易的塑料大棚。确定这个项目，他也费了不少心思，也带着我们去寿光看了。人家那边种菜确实赚钱，所以看完我们也觉得有市场，最重要的是他们提供技术、种苗，还负责回收，这样不愁卖不出去。建大棚时，他们就来人指导了，这个是需要技术的，要不是人家教，咱自己还真建不了。大棚这个项目算是村集体项目，因为没种过，让谁第一个种，谁都不敢，并且这个前期投资太大，不像那个瓜蒌项目，能直接分配到人。这种情况下，我们就利用村扶贫资金建大棚，建好的大棚属于村集体所有，把这些大棚租出去。我们一共建了7个大棚，6个大一些的，每个一年的租金是 15000 块钱；1 个小一点儿的，一年租金是 13500 块钱。这样村集体一年是有 103500 块钱的大棚租金收入。因为建大棚的地是租村民的，一年需要给村民支付 37000 块钱的租金，剩下的 66500 块钱就属于村集体收入了。这些钱里的 30% 用作村集体项目的支出，70% 直接作为分红分给贫困户。

因为是扶贫项目，所以我们本意是优先出租给贫困户，但是不少贫困户意识比较保守，更何况有些属于老弱病残，确实也干不了，所以除了贫困户，一般村民也可以承包，反正他们承包后也得雇工干活，像种菜收菜什么的，一般一个人一天 80 元，也能解决一些贫困户的就业，增加一下他们的收入。目前，7 个大棚一共出租给了 3 户人家：王云涛、张凤祥、徐林君。其中王云涛一人承包了 5 个，其他每人一个。我们这个项目是 2016 年底开始建的，2017 年才开始投产，所以现在暂时还看不出最后的效益怎样，但肯定比种小麦、玉米强。现在大棚里的是有机小西红柿和小黄瓜，都成熟了，每天都有车来拉，听说都是运往上海的超市里，咱们当地也没人吃那么贵的西红柿和黄瓜。

8. 张：在您刚才的谈话里，多次出现了一个人的名字，那就是王云涛。他种了 200 亩小麦，参加了瓜蒌种植合作社，又承包了蔬菜大棚。能介绍一下他的情况吗？除了他，村里还有谁是贫困户脱贫的代表吗？

李：王云涛是 1972 年出生的。虽然他一直没有外出打工经商，但是他是脑子比较灵活的农民，也肯干能干。

早些年除了种地，他收过棉花、收过粮食（走街串巷收购棉花、粮食，再集中卖到厂子里，赚差价）。2014年，他开始承包土地，一共种了200亩，都种植小麦、玉米。收入的话，2016年，除去租金、种子、化肥、人工等投入，一亩地利润是200元左右，再加上国家给的一亩地185块钱的补助（125元的基础补助加60元的大户补助），差不多一年能赚70000多。主要就是靠规模经营，要不然也赚不了这么多。2016年他种了25亩的瓜蒌，2016年底，他租了5个蔬菜大棚。我们这个蔬菜大棚，租给他一年是15000，在寿光同样的大棚一年都得好几万的租金，在我们这里15000都没人敢种，就王云涛敢试，所以也算是对扶贫工作的支持了。他家人不多，有个孩子读高中，这些地都是他和他媳妇两个人在管理，基本上都是雇人干活，特别是蔬菜大棚，每天都需要人干活，解决了村里不少贫困户就业。在咱们这里，像王云涛这样，年纪轻又肯出力干活，是不可能贫困的。一般贫困户要么就是家里有人生了病，没了劳动力，医药费又太多，要么就是岁数太大，丧失劳动能力了。

我们村有个脱贫的典型，就是徐忠，等你去家具厂的时候，我介绍你认识。他妻子患有乳腺癌，家里医药费负担挺重的。他是1962年生人，已经55岁了，外出打工也不容易找到活儿，并且他妻子也需要他的照顾。2015年，宏榆堂家具厂建好后，就把他招工招进来了，一个月2700块钱的工资，离家近也方便照顾他妻子，至今干了两年了，不仅收入提高了脱贫了，两口子的精神面貌也好了许多。像徐忠这种，年龄在50~60岁的，外出打工已经很难，但是又有劳动能力的，通过这些扶贫项目，这两年在我们村里基本上都找到活儿干了。

9. 张：能介绍一下咱们村学校和教育发展的情况吗？什么时候建的学校，老师和学生的数量，村里目前的受教育情况，有去县城上学的孩子吗？

李：新中国成立以后，王井村就有了完小，包括一至六年级。"文革"期间，在完小的基础上又增加了连中，也就是一至九年级。1995年，栾庄建初中后，王井村的学校又变成了一至六年级。2006年，原来的学校改名为明德学校，建了新的教学楼，建楼的钱主要有台胞王永庆捐赠的40万元，县财政划拨的20万元。明德学校包括一至五年级，覆盖了周边的9个村庄，一共有300多个学生、30多个老师，最近几年还有新分配的年轻老师。王井村的适龄儿童都在明德小学上学，没有辍学在家的情况。由于是义务教育，所以没有学费，只交书本费就行。因为基本没有什么费用，贫困家庭的孩子，在小学期间基本上也就没有什么优惠。① 幼儿园期间，贫困户的小孩儿一年可以领取1200元的补助。我们村一共有两个幼儿园，一个是明德小学的公立幼儿园，一个是私立幼儿园，两个幼儿园合计有100个小孩儿左右吧。

---

① 后来笔者在学校调研时了解到，对于部分家庭生活特别贫困的学生，教育部门也会有一些不定期的补助。比如，笔者2017年5月做调查时，恰赶上学校正在统计生活困难家庭的学生，每个学生半年可以领取600元的补助。不是所有贫困户的孩子都可以申请到补助，大概是按照学生总体数量的5%，分配补助名额。这份补助不是一直都有，学校只负责统计申报，上交学生名单经审核确定后，其家长在指定银行办理银行卡，教育部门就会把补助汇至其卡中。

由于明德小学只有一年级至五年级，五年级之后，村里的孩子就需要去栾庄上六年级和初中。我们村在栾庄上学的有四五十个学生，在夏津县城实验中学和夏津六中上初中的有五六个。初中毕业之后，继续读高中的差不多有一半。高中毕业之后，每年能考上大学的有五六个吧，有读专科的，也有读本科的。现在的年轻人就业观念和之前的人不一样，不愿意种地，也不愿意做苦力活儿，像建筑工地和棉纺厂都没有人愿意去，他们更讲究体面和舒服，比如去做保安或者服务员。这两年国家支持技校，有的技校都不需要交学费，所以也有不少人去上技校。有在技校真学到东西的，也有在技校混日子的，家长也是觉得孩子不读书后，特别是初中毕业后就不读书了，去干什么合适呢，还不如去技校，最起码是在学校里面，比去社会上瞎混好。关于留守儿童，（20世纪）90年代的时候留守儿童比较多，那个时候刚刚开始外出经商打工，外面花销大，孩子也多，大部分人把孩子就留在了家里。现在的年轻父母一般都是就近打工，就算去外地，一般也都带着孩子，留守儿童的数量很少了。整体来讲，我们村还是比较重视孩子教育的，只要孩子是读书的料，家长还是尽量支持孩子读书。现在从幼儿园就把孩子往夏津县城送的家长越来越多。

10.张：县里或者市里有针对咱们村民的技能培训吗？开展情况怎么样呢？

李：省、市、县的农业部门都有组织相关的农民培训，内容主要包括种植技术、农业机械化、化肥粪肥的使用等。一般一年有两次培训，每个村都有一定的名额，我们一般都让种植大户去参加。培训的费用都是国家财政提供的，培训一般由农业局和农广校（农业广播电视学校）组织，农民是免费参加培训的。

除了农业技术培训，也有其他技术的培训，比如劳动局一般会组织年轻人，就像初中毕业生，进行劳务培训。劳务培训的内容有缝纫、烹饪，培训的时间一般是两三个月。按说这是件好事，但是培训后安排的工作工资往往很低，工作环境有时候也不太好，所以人们参加培训的热情并不高。有时候有些培训还必须要有人参加，我们组织起来也挺困难。我们希望劳动局不能仅像个劳动中介，而是能在劳动就业方面起到更大的作用。

11. 张：关于咱们村贫困户精准识别和调整情况，问题有点儿多，我分着问吧。

（1）实施主体：谁来做，谁负责？

李：这个工作是由村"两委"实施并负责的，2015年开始建档立卡工作，主要以实际情况确定候选人。程序包括个人申请、群众评议、张榜公示、最后确定。在认定贫困户的时候，不能完全按照收入支出，比如有的老人，虽然自己收入不高，但是孩子们都挺孝顺，给的赡养费也不少，那就先把名额让给确实有困难的群众。大家都是乡里乡亲的，基本上每家的情况大家也都熟悉了解，主要还是靠信任。

（2）实施方式：什么时间，怎么操作，什么程序，怎么评议，怎么公示？

李：2015年1月开始这项工作，确定人选后，由村民代表进行评议,张榜公示,征求全体村民意见。对意见比较集中的人选进行二次审议,最后确定名单。

(3)如何确定贫困户:什么标准,名额怎么决定,异议和纠纷有多少,怎么处理?

李:我们的标准就是山东省省定贫困线,人均纯收入低于3402元。最初上面说上报的户数不能超过村里总户数的40%,后来又说只要人均年(纯)收入低于3402元,就可以上报。2015年村里的贫困户名单出来之后,有个别来提意见的,但在村"两委"的工作下,最后也没有什么异议了。

(4)咱们村"回头看"是怎么做的?与初次识别的结果差别在哪里?

李:2015年12月进行了"回头看",这次和初次识别时的差别主要是我们通过精准扶贫让一些人脱了贫。

(5)有没有重新识别贫困户?如果有,怎么做的,结果差别在哪里?

李:没有进行重新识别,还是最早确定的那些贫困户里减去已经脱贫的贫困户。

12.张:您觉得咱们村贫困户类型有哪些?主要的致贫原因是什么?我感觉从问卷上看,残疾和大病致贫的数量不低。

李:我们村的贫困户主要是缺乏劳动力的家庭,也就是没人赚钱,具体的致贫原因是因老、因病、因残疾。这部分人通过产业扶贫很难,只能通过流转土地、领取社保补助与扶贫项目分红这样的方式脱贫。其他但凡有些劳动能力的，流转土地、打点儿零工，通过自身就业就能实现脱贫。比如通过美丽乡村建设，我们村有了公共垃圾桶之后，打扫卫生收垃圾的活儿，我们都交给了贫困户，这些活儿都是有工资的，和种地比起来，这些活儿不算重，他们也都很乐意。

13.张：脱贫之后再出现贫困问题怎么做？对当前扶贫工作，您觉得仍存在哪些问题，有哪些意见和建议。

李：整体脱贫之后再出现贫困户也是有可能的，比如遇到意外灾害或者得了大病，出现这种情况时，村集体应该会给予照顾。对于当前的扶贫工作，我根据实际工作中遇到的一些问题谈谈意见吧。

第一，对于贫困户的认定标准是不是再提高一点儿，这几年物价上涨很快，咱们的认定标准并没有提高很多，虽然有些群众的年收入超过了3402元，但实际上生活依旧有不少困难，特别是有病、残疾的那些贫困户。

第二，贫困户的认定工作能不能由镇上和村里一起完成。现在贫困户的认定工作基本上全部由村"两委"来做，这样矛盾就全部集中在村"两委"了，出了事情，责任也都由村"两委"担着，我希望镇上扶贫办能多承担一些工作和责任。

第三，刚才我也说了，咱们这个地方，不是偏远山区，交通也算便利，贫困户的形成，主要还是因老、因病、因残产生的劳动力缺乏，这些人通过产业扶贫，脱贫难度很大，主要通过社会保障兜底，建议对这部分人的补助还是应该有所提高。

第四，就是扶贫工作中需要填写的表格太多，检查有必要，但是隔三岔五地检查，有时候活儿都干完，又让补上干活之前的规划，让我们把大量的时间用在填写表格、应付检查上面了。希望还是能有更多的时间，来踏踏实实做事情。

张：谢谢您聊了这么多，我的收获特别大。再次感谢您接受我的采访，也希望王井村发展得越来越好！

参考文献

陈玮、马云云、范佳:《我省七成行政村有贫困人口》,《齐鲁晚报》2016年7月7日,第A06版。

德州市统计局、国家统计局德州调查队编《德州统计年鉴2017》,德州市统计局官网,2017年7月。

《第一书记扶贫读本》编写组:《第一书记扶贫读本》,山东教育出版社,2016。

《2016年山东省国民经济和社会发展统计公报》,山东省统计局官网,2017年2月28日。

国家行政学院编写组:《中国精准脱贫攻坚十讲》,人民出版社,2016。

国家统计局住户调查办公室:《中国农村贫困监测报告2017》,中国统计出版社,2017。

李春光主编《国际减贫理论与前沿问题2011》,中国农业出版社,2011。

刘小珉:《贫困的复杂图景与反贫困的多元路径》,社会科学文献出版社,2017。

《省政府新闻办举行新闻发布会介绍全省脱贫攻坚工作情况》,山东省扶贫开发领导小组办公室官网,2018年2月9日。

史健利主编《夏津年鉴2016》，中国文史出版社，2016。

王曙光：《中国的贫困与反贫困》，《农村经济》2011年第3期。

吴海涛、丁士军：《贫困动态性：理论与实证》，武汉大学出版社，2013。

《山东：农村低保标准全部达到国家扶贫线》，国务院扶贫开发领导小组办公室官网，2017年2月20日。

夏津县地方史志办公室编《夏津县志（1986-2009）》，方志出版社，2011。

夏津县地方史志编纂委员会编《夏津县农村简志》，中国文史出版社，2013。

徐小言：《农村健康保障链构建研究——基于"贫困－疾病"陷阱的视角》，中国农业大学博士论文，2017。

袁铭健：《精准扶贫下的"第一书记"制度及其扶贫困境——以"双轨"合作为视角》，《四川行政学院学报》2018年第4期。

张蕴萍：《中国农村贫困形成机理的内外因素探析》，《山东社会科学》2011年第8期。

《中共中央 国务院关于打赢脱贫攻坚战的决定》，中华人民共和国中央政府网，2015年11月29日。

中共中央党史和文献研究院编《习近平扶贫论述摘编》，中央文献出版社，2018。

后　记

　　我的祖籍是山东省夏津县，但我在夏津生活的时间只有十年，对于家乡其实是一个"熟悉的陌生人"。很偶然的一次返乡，听人说起王井村的精准扶贫工作开展得有声有色，回京后不久就收到了单位印发的关于申报国情调研特大项目"精准扶贫精准脱贫百村调研"子课题的通知，于是立马邀请了两位同事组成课题组，与夏津县扶贫办取得联系，填写申报表并于2016年12月顺利通过审核立项，从而有了这次走进家乡、了解家乡、研究家乡的机会。尽管在家乡开展调研有着天时地利的优势，但是课题的进展一波三折，2017年2月我由于怀孕反应较大被医生建议卧床静养，3月课题组两位同事因为挂职无法再继续参与课题。虽然也曾想过放弃，但是一想到首次调研中王井村第一书记王阳春以及村"两委"成员的热情接待与殷切希望，做好王井村精准扶贫工作研究的想法就更加强烈。2017年4月身体条件有所好转后，在家人的陪同下，我重新开始了王井村的调研工作，并且最终顺利完成了问卷调查与入户访谈，为本书的撰写奠定了基础。

　　本书能够顺利完成，首先非常感谢王井村第一书记王阳春对我的帮助。在申请课题时，我们并未相识，他在夏津县扶贫办获悉我要前去调研的消息后，主动联系到我，再加之其工作单位是山东省社会科学院，我们同属一个工作系统，交流起来十分顺畅。2017年1月的首次调研中，王阳春组织镇扶贫办、村"两委"与课题组的见面会，介绍了王井村的精准扶贫工作，并带领我走访了所有扶贫项目。2017年2月，其结束驻村工作回到山东省社会科学院后一如既往地支持我的调研与研究工作，多次接受我的访谈，为本书的撰写提供了大量的资料。其次，感谢王井村村"两委"以及广大村民对我的支持，特别是村文书李金瑜协助我完成了所有的问卷调查与入户访谈。李金瑜担任王井村村干部已近50年，对村庄的发展变化、村情民意都极为熟悉，是一本王井村的"活字典"，他不仅在调研工作中给予我很大支持，在我回京整理资料撰写报告过程中，多次接受我的电话咨询，态度始终平易近人。感谢接受我调查与访谈的王井村村民，由于老乡的天然优势，我和他们交流起来亲切自然，谢谢他们对我的信任与期望。同时，还要感谢夏津县扶贫办、史志办等政府部门的协助，感谢中国社会科学院"精准扶贫精准脱贫百村调研"总课题组的指导，感谢社会科学文献出版社王展老师对书稿的认真校对与编辑。最后，感谢家人对我的支持，特别是我的丈夫与父母，无论是调研过程中的陪同还是撰写报告过程中的照顾，他们是我能坚持独立完成这个课题的坚强后盾。

祝王井村村民生活越来越好！

张姗

2019年12月

图书在版编目(CIP)数据

精准扶贫精准脱贫百村调研.王井村卷：多方协同下的多元路径脱贫/张姗著.--北京：社会科学文献出版社，2020.4
（精准扶贫精准脱贫百村调研丛书）
ISBN 978-7-5201-5511-3

Ⅰ.①精… Ⅱ.①张… Ⅲ.①农村-扶贫-调查报告-夏津县 Ⅳ.①F323.8

中国版本图书馆CIP数据核字（2019）第201324号

·精准扶贫精准脱贫百村调研丛书·

精准扶贫精准脱贫百村调研·王井村卷
——多方协同下的多元路径脱贫

著　　者 /	张　姗
出 版 人 /	谢寿光
组稿编辑 /	邓泳红　陈　颖
责任编辑 /	王　展
出　　版 /	社会科学文献出版社·皮书出版分社（010）59367127 地址：北京市北三环中路甲29号院华龙大厦　邮编：100029 网址：www.ssap.com.cn
发　　行 /	市场营销中心（010）59367081　59367083
印　　装 /	三河市尚艺印装有限公司
规　　格 /	开　本：787mm×1092mm 1/16 印　张：11.25　字　数：111千字
版　　次 /	2020年4月第1版　2020年4月第1次印刷
书　　号 /	ISBN 978-7-5201-5511-3
定　　价 /	59.00元

本书如有印装质量问题，请与读者服务中心（010-59367028）联系

▲ 版权所有 翻印必究